# À moi le bonheur !

Laura Malina Seiler

# À moi le bonheur !

## L'art de rayonner de l'intérieur

LAROUSSE

Titre de la publication originale : *Mögest du glücklich sein!* de Laura Seiler

www.komplett-media.de


Version française publiée avec la collaboration de Maria Pinto-Peuckmann, Literary Agency – World Copyright Promotion, Kaufering, Allemagne

# Sommaire

# Avant-propos

Ce livre est pour vous. Je l'ai écrit, sans vous connaître personnellement mais en sachant qu'il vous rencontrera. Je l'ai écrit parce que c'est le bon moment pour vous, là, maintenant, de penser à vous. Vous le tenez dans vos mains parce que vous êtes prêt à vous souvenir de votre lumière, de votre force intérieure infinie et de votre beauté. Ce livre vous invite à mieux percevoir qui vous êtes vraiment et à oublier ce que vous pensiez être jusque-là. Il a le pouvoir de guérir vos blessures et de faire surgir l'improbable dans «votre vie.

Parce que vous avez pris ce livre dans vos mains et parcourez ces lignes, je sais que nous cherchons exactement la même chose, vous et moi. Vous cherchez la confiance, ainsi qu'une voie vers l'épanouissement et la paix intérieure. Une voie qui vous aide à guérir ces vieilles souffrances pour pouvoir faire confiance à nouveau, du fond du cœur. Dans ce livre, je vous fais partager ma vérité personnelle, la plus sincère et la plus profonde, dans l'espoir de parvenir ainsi à ouvrir et à toucher votre cœur.

Ce livre contient tout ce que j'aurais voulu savoir il y a des années pour me détacher de mes croyances et apprendre à croire de nouveau en moi. Vous allez découvrir comment votre conviction intérieure donne forme à votre vie et comment vous pouvez transformer votre existence. Ce n'est pas un hasard si vous tenez ce livre entre vos mains justement maintenant, et encore moins si vous êtes sur terre justement maintenant.

Vous êtes né pour faire la différence dans ce monde et pour vivre cette vie dans la joie et l'amour.

Vous êtes né pour resplendir de votre lumière et redécouvrir votre nature spirituelle.

Vous êtes une partie de la force qui meut l'univers et l'univers est une partie de vous. Tout est interdépendant.

*Alors, à vous le bonheur !*

# Introduction

La conscience
est l'origine ; elle est
le point de départ,
sans début,
sans fin, sans cause,
sans appui, non
divisée, immuable.

Nisargadatta Maharaj

# Pourquoi nous recevons ce que nous émettons

Une merveilleuse histoire tirée de la mythologie indienne raconte qu'autrefois tous les hommes étaient des dieux. Mais au bout d'un certain temps, ils se mirent à abuser de leur pouvoir divin. C'est pourquoi Brahma, le dieu suprême, décida de le leur confisquer et de le cacher à un endroit où ils ne pourraient jamais le retrouver. En quête d'un lieu sûr où dissimuler aux hommes leur pouvoir divin, Brahma convoqua les autres dieux et leur demanda où était la meilleure cachette.

L'un des dieux proposa : «Cachons le pouvoir divin des hommes au plus profond de la terre.»

Brahma répondit : «Non, cela ne suffit pas! L'homme sera capable de creuser à cet endroit et de retrouver son pouvoir divin.»

Les dieux firent alors une autre suggestion : «Alors enterrons le pouvoir divin au plus profond de l'océan.»

Brahma répondit : «Tôt ou tard, l'homme découvrira aussi les profondeurs de tous les océans, retrouvera son pouvoir divin et le remontera à la surface. Même les abysses ne sont pas un lieu sûr.»

Les dieux reprirent leur réflexion. Où pourraient-ils bien cacher le pouvoir divin des hommes ?

Ils finirent par faire la proposition suivante : «Envoyons le pouvoir divin au fin fond de l'univers, là où l'homme ne pourra pas le retrouver.»

Brahma écouta patiemment cette proposition. Puis il répondit : «Un jour viendra où les hommes conquerront le cosmos et reprendront leur pouvoir divin. Même l'univers n'est pas une cachette assez sûre.»

Les dieux ne savaient plus quoi faire. «Où pouvons-nous cacher ce pouvoir divin ? Il n'y a pas un lieu sur terre, ni dans les océans ni dans tout l'univers où l'homme ne puisse le retrouver.»

Plein de sagesse, Brahma prit la parole : «Je sais ce que nous allons faire du pouvoir divin de l'homme ! Nous allons le cacher au plus profond de lui-même, car c'est le seul endroit où il ne le cherchera jamais.»

Depuis (la légende se termine ainsi), l'homme a conquis l'ensemble du monde, est parti découvrir l'univers, a plongé dans les eaux, a parcouru les airs, a creusé profondément la terre, mais jusqu'à maintenant, jamais il n'est allé suffisamment loin au fond de lui-même pour découvrir son être véritable.

La clé d'une vie épanouie est déjà en vous. Ce livre vous encourage à chercher l'essence de votre être au plus profond de vous-même et à redécouvrir votre rayonnement intérieur. Vous allez entrer en contact avec tout votre pouvoir de création et commencer à vivre votre véritable potentiel. Vous retrouvez alors le lien avec l'énergie de l'amour inconditionnel, de la force créatrice cachée derrière tout ce qui existe dans l'univers. En harmonie avec cette énergie, vous êtes libéré de vos doutes et de vos peurs. Vous êtes dans le flux de l'univers, en co-création avec lui. Votre croissance spirituelle est votre outil d'évolution majeur pour vous défaire de vos doutes, de vos peurs et de vos auto-sabotages. Tout l'argent de la terre, toutes les belles carrières, tous les endroits les plus idylliques du monde, rien de tout cela ne pourra le faire pour vous. L'épanouissement que nous cherchons tous n'est pas à trouver à l'extérieur, mais à l'intérieur de nous-mêmes. Par nos peurs continuelles de ne pas être à la hauteur ou d'échouer – et par notre auto-sabotage mental quotidien –, nous bloquons le déploiement de notre potentiel personnel et vivons non pas dans la plénitude, mais dans le manque. Nous construisons notre propre prison émotionnelle à coup de pensées qui en sont les gardiens refusant de nous laisser sortir. Votre seul chemin vers la liberté passe par la transformation de la manière dont vous vous considérez et considérez le monde. C'est en transformant votre conscience que vous pouvez sortir de cette prison mentale et émotionnelle que vous avez bâtie sans le savoir au cours de votre vie et développer la confiance qui vous permettra de construire le reste de votre existence dans la joie et la plénitude.

## La force de vos convictions intérieures

*« Les deux mots les plus puissants de l'univers sont "je suis" car ils déterminent le cours de votre vie. »*

Tout ce qui est dans votre vie maintenant et tout ce qui l'était jusqu'à présent, la qualité de vos relations, votre travail, votre situation financière ou votre santé, ne sont pas un résultat fortuit. Ils sont le fruit de vos convictions intérieures, lesquelles donnent forme à votre image de vous-même. Nous agissons toujours en accord avec notre image de nous-mêmes. Si vous vous imaginez percevoir la réalité telle qu'elle est vraiment, je dois vous décevoir. Vous voyez le monde à travers votre propre filtre, un filtre totalement personnel qui laisse de côté toutes les informations qui ne correspondent pas à votre image de vous-même et du monde ou à ce que votre cerveau considère comme vrai. C'est comme s'il y avait un projecteur dans votre cerveau qui éclaire seulement certaines informations et laisse dans l'ombre tout le reste. Notre cerveau est chargé 24 heures sur 24 d'analyser, d'interpréter et de donner un sens ou une valeur à l'ensemble de nos impressions et de nos expériences – mais toujours en fonction de nos propres convictions intérieures. Nous devons cette propriété du cerveau au système d'activation réticulaire (SAR), un petit groupe de cellules situé dans le tronc cérébral. Ce centre de contrôle est la centrale de tri qui classe et sauvegarde les informations selon leur degré d'urgence. Cette opération de classement et de sauvegarde des données n'est toutefois pas objective, mais fondée sur nos convictions intérieures. Elle veille à ce que toutes les informations en contradiction avec notre propre vérité soient mises de côté et n'accèdent pas à notre conscience. Et comme nous prêtons toujours attention aux mêmes choses, nous obtenons toujours les mêmes résultats, ceux qui reflètent ce que nous croyons et la manière dont nous nous percevons.

N'avez-vous jamais remarqué que, si vous vous intéressez fortement à quelque chose ou si quelque chose vous importe particulièrement, vous voyez cette chose partout autour de vous ? Par exemple, si vous voulez monter un studio de fitness, il est probable que vous alliez brusquement voir partout des studios de fitness et avoir l'impression que toute la ville est remplie de studios de fitness. Ou si vous voulez faire un régime, tout ce que votre cerveau remarque alors, ce sont des fast-foods, des publicités alimentaires, etc. Le système d'activation réticulaire veille à attirer notre attention uniquement sur ce qu'il pense important pour nous. C'est en admettant que nous créons nous-mêmes notre réalité par notre manière de penser et de ressentir que nous pouvons commencer à construire la vie que nous voulons vraiment vivre. Car notre esprit attire sans cesse sur la même fréquence tout ce qui est en harmonie avec nos pensées et nos convictions personnelles. Notre inconscient ne fait pas la différence entre des pensées positives et des pensées négatives. Il se contente d'obéir à ce que nous lui répétons.

Les deux mots les plus créateurs de l'univers sont «**je suis**». Ils sont à la base de votre image de vous-même et chaque mot qui suit «je suis» détermine ce dont vous vous croyez capable, comment vous vous sentez, votre manière d'agir et les décisions que vous prenez. C'est l'identité que vous vous donnez au cours de votre vie et sur laquelle vous cessez de vous interroger à un moment donné en vous disant «je suis comme ça. Point barre.» Dans mon activité de coach, je me suis rendu compte, au fil des années, à quel point la conviction intérieure de ne pas être assez bien, assez intelligent, assez séduisant ou de ne pas être digne d'être aimé était solidement ancrée chez la plupart des gens. Il est presque plus normal de penser ne pas être assez ceci ou cela ou ne pas mériter d'être aimé que de s'aimer vraiment. Du jour où nous adoptons cette attitude intérieure et la tenons pour vraie, nous ressentons le poids de devoir constamment prouver que nous sommes des êtres suffisamment bien et aimables. Et c'est là le hic : dès l'instant où vous êtes convaincu de ne pas être quelqu'un d'assez bien, vous allez vous enfermer dans cette croyance – indépendamment de l'image que vous renvoie le monde extérieur ou de la qualité de vos actes.

*« Surveille tes pensées, car elles deviennent des mots.*
*Surveille tes mots, car ils deviennent des actions.*
*Surveille tes actions, car elles deviennent des habitudes.*
*Surveille tes habitudes, car elles deviennent ton caractère.*
*Surveille ton caractère, car il devient ton destin. »*

■ Bouddha

Lorsque Sarah est venue me voir pour un coaching, j'ai vu arriver une jeune femme aussi ravissante que charismatique qui venait d'obtenir son doctorat de médecine avec mention très honorable. Mais elle n'arrivait pas à se décider parmi les différentes offres d'emploi qui attendaient une réponse de sa part depuis plusieurs semaines. Même si toutes les propositions venaient des meilleures cliniques, Sarah trouvait toujours des raisons de les refuser. Si j'ai appris quelque chose après des milliers de coachings, c'est bien que chaque problème mis en avant en cache un tout autre que nous sommes incapables d'identifier nous-mêmes parce qu'il agit au niveau inconscient.

D'instinct, je lui demandai : « Que crains-tu qu'il puisse se passer dans le poste que tu accepterais ? » Elle me regarda un peu étonnée, réfléchit un moment, puis répondit : « Si j'y pense là, maintenant, il me vient que j'ai peur de commencer à travailler dans un hôpital. Honnêtement, Laura, j'avais peur à chaque cours que mes camarades ou mes professeurs découvrent un jour qu'en réalité je suis stupide et incapable de tout. Indépendamment de mes bonnes notes, je me suis toujours dit "Pourvu que personne ne remarque qu'en fait je ne sais rien". Je me sens comme un imposteur. J'ai réussi à donner le change à l'université, mais maintenant, j'ai encore plus peur d'être démasquée au travail.» Elle me regarda d'un air triste et ajouta : «Je suis épuisée de chercher sans cesse à me sentir suffisamment intelligente et de trouver toujours des raisons, malgré tous mes efforts, de ne pas y arriver. Je me dis que des études de médecine, ce n'est pas si extraordinaire que cela et que tout le monde aurait pu réussir ce que j'ai réussi... que j'ai simplement eu de la chance...»

Sarah souffrait de ce qu'on appelle le syndrome de l'imposteur – la personne a toujours l'impression qu'elle va être démasquée un jour parce qu'à vrai dire, elle n'a pas la moindre idée de ce qu'elle fait. Ce syndrome dissimule la croyance intérieure de ne pas être à la hauteur, malgré des résultats qui, objectivement, peuvent être tout à fait satisfaisants.

Au cours des séances de coaching suivantes, nous avons découvert ensemble que sa croyance sur elle-même s'était développée lorsqu'elle avait commencé à être scolarisée et à rencontrer de grosses difficultés pour apprendre à lire et à écrire au cours des deux premières années de primaire. Elle s'est mise à avoir honte devant ses petits camarades de ne pas savoir lire aussi bien que les autres et en a conclu : «Je ne suis pas à la hauteur et je ne serai aimée que si j'obtiens de bons résultats.» Cette croyance est devenue son mantra et son moteur intérieurs. C'est l'un de nos besoins humains fondamentaux les plus importants : être aimé et reconnu. Après avoir inscrit inconsciemment dans sa tête l'équation «bons résultats = sécurité et amour», Sarah a poursuivi son parcours scolaire en obtenant effectivement d'excellents résultats, mais qu'elle n'a jamais pu reconnaître comme tels puisqu'ils ne correspondaient pas à l'image qu'elle avait d'elle-même, à savoir : «Je ne suis pas à la hauteur.» Même si elle avait obtenu le prix Nobel, elle aurait continué à se dévaloriser. Elle avait construit une prison mentale et émotionnelle avec plusieurs gardiens dans laquelle elle était enchaînée sans s'en apercevoir. À cet égard, notre inconscient est un petit malin, car ce qu'il cherche avant tout, c'est à garantir notre survie. La question de notre bonheur lui importe peu. Il travaille en mode binaire et se contente de distinguer «ce qui fonctionne» de «ce qui ne fonctionne pas». Puisque Sarah avait visiblement survécu et même obtenu une reconnaissance extérieure avec sa croyance «bons résultats = sécurité et amour», son inconscient n'avait aucun intérêt à troquer cette conviction intérieure contre une autre, et c'est pourquoi il avait aussi empêché la jeune femme de se rendre compte par elle-même de ce piège.

Parce que l'orientation de notre attention obéit à nos convictions intérieures et que notre image de nous-mêmes repose sur de la peur, de la honte, de la culpabilité ou de la colère, nous attirons constamment des expériences de vie qui les renforcent. Il s'ensuit un nouveau cercle vicieux qui nous convainc encore davantage le bien-fondé de ne pas nous faire confiance et de nous sentir séparés du monde. C'est en transformant notre conscience et en développant une image bienveillante de nous-mêmes que nous créerons une nouvelle réalité.

## Les différents niveaux de conscience

C'est en 1985 que le célèbre psychiatre et maître spirituel américain Sir David R. Hawkins publie son livre *Power versus Force,* sorti en français sous le titre *Pouvoir contre force – Les déterminants cachés du comportement humain*. À l'aide du test musculaire, l'outil de base du kinésiologue, Hawkins a testé les différents niveaux de la conscience humaine et mis au point une échelle. La première fois que je suis tombée sur le test musculaire, je ne pouvais pas croire la facilité avec laquelle nous pouvons communiquer avec notre corps, l'interroger, et la précision avec laquelle il nous répond. À l'époque, j'ai découvert le test musculaire en découvrant par hasard une vidéo sur YouTube. Du coup, j'ai passé la journée à regarder toutes les vidéos que je pouvais trouver sur la kinésiologie et, dans les années qui ont suivi, j'ai recueilli le maximum d'informations sur ce test. Depuis, le test musculaire est devenu l'un de mes principaux outils de travail – avec mes clients, mais aussi pour tester des décisions, des questions et des symptômes corporels sur moi-même. Il est un outil de diagnostic de biofeedback qui nous permet d'identifier des blocages *via* notre corps et de recevoir directement ses réponses. La kinésiologie signifie, en grec, «étude du mouvement» et se rapporte à l'énergie qui circule à travers le corps. Le test musculaire permet d'interroger le tonus musculaire et de détecter si l'énergie vitale est forte ou faible. Lorsque notre corps est soumis à un stimulus négatif (par exemple un stress, un bruit, certaines paroles ou un aliment particulier), nos muscles sont testés faibles. Inversement, quand notre corps est exposé à des stimuli positifs, nos muscles sont testés forts. Notre corps stocke toutes les informations sur ce qui nous fait du bien et ce qui nous fait du mal. Avec le test musculaire, il peut nous renvoyer ces informations de manière très simple et nous pouvons nous relier à sa sagesse sans avoir besoin de nous livrer à des spéculations. Lorsque le système nerveux reçoit un stress, les muscles lâchent. En revanche, quand le système nerveux est renforcé par un stimulus positif, les muscles se renforcent eux aussi.

Le test musculaire repose sur un double phénomène physiologique : d'une part, nous pouvons diriger consciemment nos muscles, par exemple pour soulever un crayon ; d'autre part, notre musculature obéit au système nerveux végétatif qui contrôle automatiquement des fonctions telles que la digestion, la respiration, la circulation sanguine, etc. Comme le système nerveux végétatif réagit de façon réflexe, il est beaucoup plus rapide que la commande consciente de nos muscles. Dès l'instant où nous sommes en danger (par exemple soumis à un stimulus négatif), le système nerveux végétatif prend aussitôt le contrôle de nos muscles pour garantir notre survie. Cela nous permet, par exemple, de retirer notre main d'une plaque électrique brûlante en une fraction de seconde. Le test musculaire profite justement de ce bref moment pour déceler les informations stockées dans l'inconscient auxquelles nos muscles réagissent – en l'occurrence, en lâchant.

Le plus simple est de faire le test avec votre bras. Tendez un bras devant vous et testez le degré de pression que vous devez exercer dessus avec l'autre main pour le faire lâcher. À quel moment tombe-t-il ? Le test musculaire fonctionne uniquement avec des affirmations qui peuvent être confirmées ou infirmées par oui ou par non. Dites par exemple : « Mon nom est... (prononcez votre nom) » et exercez une légère pression sur votre bras. Lâche-t-il ou reste-t-il stable ? Répétez le test en prononçant un autre nom. Vous allez constater que votre bras cède quand l'affirmation est fausse et qu'il reste stable quand elle est vraie. Ce test permet aussi de tester efficacement les allergies, les intolérances alimentaires et les décisions.

## Du simple fait d'exister à l'illumination

Hawkins a exploité la sagesse du corps pour tester la conscience des êtres humains. À l'aide de son échelle, il a déterminé 17 niveaux de conscience classés entre 0 (le simple fait d'exister) et 1000 (l'illumination). L'objectif de son étude était de créer une «carte géographique» des champs énergétiques de la conscience assez facile à utiliser. La conscience se situe au-delà de la simple perception du monde extérieur à travers nos sens et du simple fait d'être éveillé ou attentif. Elle englobe tous les aspects mentaux, émotionnels et spirituels de notre être. Ce sont les lunettes à travers lesquelles nous voyons notre réalité, une réalité éminemment personnelle marquée par nos convictions intérieures, nos valeurs et nos représentations les plus profondes. Selon les domaines de vie, nous pouvons nous situer à différents niveaux de conscience. Notre état de conscience résulte de l'interaction entre les différents niveaux.

*« Si tu veux trouver le secret de l'univers, commence par penser en termes d'énergie, de fréquence et de vibration. »*

■ Nicola Tesla

Les niveaux de 0 à 200 sont des niveaux de conscience basés sur des émotions de survie (honte, culpabilité, apathie, chagrin, peur, désir, colère et fierté) et orientés vers des intérêts personnels. Ils déséquilibrent le corps et l'esprit. Lorsque nous nous trouvons en bas de l'échelle de conscience, nous ne sommes pas en harmonie avec nous-mêmes ni avec le monde. Les sentiments et les émotions présents à ces niveaux nous mettent en mode de lutte, de fuite ou d'inhibition et nous soumettent à un stress permanent, car notre mental croit que notre survie est menacée et que nous devons nous défendre ou prendre la fuite. Ces niveaux de conscience nous incitent souvent à jouer les victimes et à multiplier les reproches ou à nous retrouver prisonniers d'une attitude émotionnelle irréconciliable. À partir du niveau 125, nous commençons peu à peu à nous sentir mieux, mais ce n'est qu'une illusion car ce sentiment est motivé par des facteurs extérieurs – la reconnaissance, par exemple. Si la reconnaissance vient à disparaître, nous perdons automatiquement l'énergie qui allait avec.

Ce n'est qu'à partir du niveau de conscience 200 (courage) que les émotions peuvent être testées positives. C'est à cette charnière que des émotions égoïstes et centrées uniquement sur la survie se transforment en émotions désintéressées.

À partir du niveau de conscience 500, c'est le bonheur des autres qui devient un facteur de motivation puissant. Le niveau 600 se caractérise par un éveil spirituel dont le principal objectif est le bien de l'humanité et l'illumination. Les individus qui évoluent entre les niveaux 700 et 1000 consacrent leur vie à sauver l'humanité. Ils ont atteint la pure conscience et l'illumination.

Avec ce livre, mon but est de vous montrer des étapes à franchir pour élever peu à peu votre conscience, et de vous aider à passer de la conscience du manque à une conscience de l'amour, de la joie et de l'accomplissement.

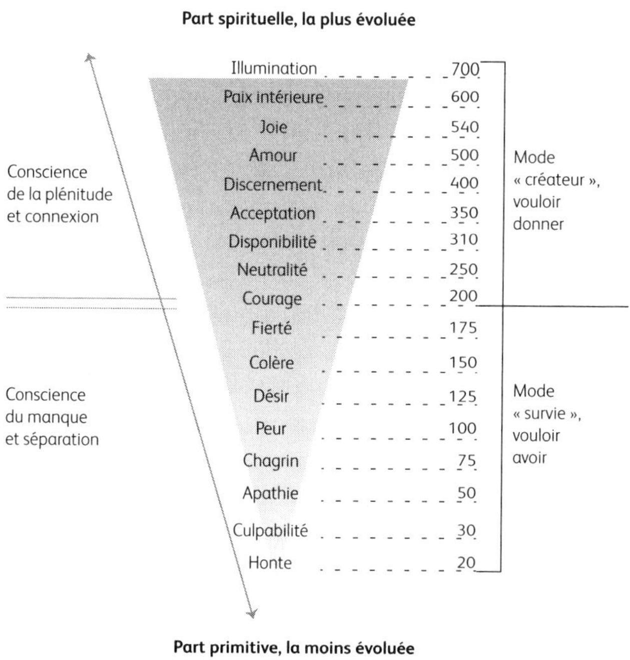

Le premier niveau de conscience, situé à 20, est la honte. Vu que la honte limite terriblement l'évolution de la personnalité, elle nourrit souvent d'autres émotions négatives telles que la colère, la peur ou la culpabilité.

Le deuxième niveau de conscience, situé à 30, est le sentiment de culpabilité. Une attitude de victime et l'impossibilité de sortir d'un *mea culpa* torturant sont typiques de ce niveau.

Le troisième niveau, l'apathie, se situe à 50 sur l'échelle de Hawkins. L'être se sent misérable, malheureux, désespéré.

Au niveau d'énergie 75 se trouve le chagrin. Nous l'avons tous éprouvé plus ou moins longuement et au moins une fois en perdant un être cher ou en vivant une séparation. Le sentiment de perte et la douleur sont vifs. Si nous restons à ce niveau, nous risquons de tomber dans la dépression et de regretter sans cesse le passé.

Au niveau 100 se situe la peur. Cette émotion a le mérite de nous protéger du danger, mais elle peut aussi nous manipuler, nous paralyser ou nous ôter toute lucidité : lorsque nous avons peur que notre partenaire nous quitte, par exemple, notre jalousie peut nous égarer. La peur s'exprime sous les formes les plus différentes. Elle est aussi illimitée que l'imagination humaine, malheureusement elle entrave si fortement notre croissance et notre personnalité qu'il est souvent nécessaire de recourir à une aide extérieure pour la vaincre.

Au sixième niveau (125) se situe le désir. Des industries entières en tirent profit. Par exemple, les firmes cosmétiques utilisent la publicité pour susciter un désir de changer d'apparence. Le désir de richesse matérielle, de pouvoir et de prestige sont présents ici. Toutefois, ce niveau peut aussi voir naître le désir d'une vie meilleure, auquel cas le désir peut nous faire accéder à un niveau de conscience plus élevé.

La colère correspond au niveau d'énergie 150. Comme le désir, elle peut avoir des effets positifs ou négatifs. Nous éprouvons fréquemment de la colère et de la frustration lorsque nos besoins et nos désirs ne sont pas satisfaits, mais à un niveau plus profond. À un moment donné, la souffrance devient telle que nous nous sentons poussés à nous transformer ou à transformer la situation. Dans ce cas, notre colère peut nous «catapulter» vers la liberté. Mais il arrive, au contraire, qu'elle se transforme en rage ou en soif de vengeance.

Le niveau suivant (175) est celui de la fierté. Selon Hawkins, c'est le niveau auquel aspirent la plupart des individus. Pourquoi ? Parce qu'en comparaison avec les énergies précédentes, plus basses, c'est là que, pour la première fois, nous avons l'impression de nous sentir bien. Cette émotion positive agit comme un baume sur notre souffrance psychique. Le problème est que la fierté est une satisfaction qui dépend de l'extérieur. Si la reconnaissance extérieure ne vient pas, nous chutons aux niveaux inférieurs. Dans l'histoire, la fierté a souvent été la cause de conflits religieux ou politiques et coûté la vie à des millions de personnes. Vu que la fierté doit se protéger de peur de ne plus être nourrie par la reconnaissance, elle va souvent de pair avec l'arrogance et une attitude défensive.

Avec le niveau d'énergie 200, celui du courage, c'est la première fois que les sujets qui participaient à l'étude ont vu leurs muscles testés forts et non plus faibles comme dans les champs d'énergie inférieurs. Cela signifie qu'à partir de 200 il se produit une inversion de tendance – on passe d'influences négatives à des champs d'énergie positifs et favorables à la vie. C'est le premier niveau auquel les individus donnent au monde autant d'énergie qu'ils en prennent. Hawkins distingue ici le pouvoir et la force (en anglais : *power versus force*). Les champs énergétiques inférieurs reposent sur le pouvoir et la survie, tandis que les champs énergétiques supérieurs expriment la force (créatrice). Au niveau du courage, nous sommes prêts à expérimenter la nouveauté et, dans quelque domaine que ce soit, la première fois peut être vécue comme une forme de confiance en soi très naturelle. La vie apparaît soudain passionnante, palpitante. Actuellement, le niveau collectif de la conscience est de 200. À partir de là, l'énergie positive et productive ne cesse d'augmenter.

La neutralité ou le sentiment de bien-être se situe au niveau d'énergie 250. Tous les niveaux précédents se caractérisaient par le fait de créer une séparation avec soi-même et de se sentir dépendant de facteurs extérieurs. À partir du niveau 250, l'individu commence à être relativement indépendant des événements extérieurs et capable de se concentrer totalement sur lui-même. Il se sent bien et de plus en plus en accord avec les vicissitudes de la vie. Il développe un état de confiance intérieure.

C'est à partir du niveau 310, celui de la disponibilité, que s'ouvre la porte qui mène aux niveaux supérieurs. Les individus ont dépassé leurs résistances intérieures et commencent à contribuer pleinement à la vie. Ils ne sont plus aveuglés par leur orgueil mal placé, considèrent leurs erreurs et en tirent des leçons. Ce niveau d'énergie plus élevé commence à produire tout naturellement des effets positifs sur la société et l'économie. Les êtres humains deviennent alors une source de force créatrice puissante pour l'ensemble de la société.

Une transformation particulièrement intéressante se produit à partir du niveau 350, celui de l'acceptation. Nous comprenons que nous sommes nous-mêmes les créateurs de nos expériences et prenons l'entière responsabilité de notre vie. Alors que dans les champs d'énergie inférieurs à 200 nous nous percevions plutôt comme victimes des circonstances extérieures et étions convaincus de n'avoir aucune influence sur le cours de notre existence, l'acceptation nous permet de nous rendre compte que la source du bonheur est en nous. À travers l'acceptation, nous nous ouvrons à notre propre force créatrice. À ce niveau, nous commençons également à comprendre que l'amour est toujours présent en nous et ne peut pas nous être « retiré ».

C'est à partir de là que notre part spirituelle vient clairement au premier plan. Nous ne nous demandons plus : «Que puis-je avoir?» mais «Que puis-je donner?».

Au niveau suivant, celui du discernement (400), nous commençons à utiliser correctement notre entendement et notre raison en nous demandant : «Qu'est-ce que je souhaite apporter? Comment puis-je être utile au monde avec les talents que je possède?» Einstein et Freud, par exemple, se situaient à ce niveau.

*« L'amour est considéré à tort comme une émotion alors qu'il est un état de conscience, une manière d'être au monde, une manière de se voir soi et de voir les autres. »*

■ **David R. Hawkins**

Nous en arrivons au niveau 500, celui de l'amour. Il ne s'agit pas ici de l'amour romantique, mais d'un état d'être total. Cette forme d'amour est inconditionnelle, immuable et constante. Elle rayonne à partir du cœur et non de la raison. Elle voit le grand tout et elle est intrinsèquement pure. Par sa nature universelle, qui englobe tout, l'amour n'a pas de séparation en lui. Il réussit à dissoudre le négatif en lui donnant un nouveau cadre. Malheureusement, seul 0,4 % des individus vivent à ce niveau de conscience.

Une forme d'amour inconditionnel éprouvée comme de la joie pure est atteinte au niveau 540. Le niveau des guérisseurs spirituels ou des saints commence là. Les êtres qui ont atteint cet état voient le monde avec compassion et illuminé par la beauté de la création. Le divin rejoint la volonté personnelle pour créer une synchronie à travers laquelle tout se déroule sans effort. Le désir de mettre son propre état de conscience au service du vivant se développe à ce niveau. La force incroyable de l'échelle de conscience de Hawkins tient avant tout à son caractère exponentiel. Cela signifie qu'un individu situé sur la fréquence de la joie, à 540, peut influencer positivement 90000 individus situés en dessous de 200.

Le niveau suivant, celui de la paix intérieure, est à 600. À ce niveau, tout est interdépendant, interconnecté et la différence entre le sujet et l'objet disparaît. On peut parler ici de transcendance.

Enfin, le dernier niveau est celui de l'illumination, à 700. Il correspond aux plus grands enseignements de l'humanité – celui du Bouddha, par exemple. L'identification au corps se dissout complètement et le corps ne sert plus la conscience qu'en tant qu'instrument de communication. C'est le niveau de l'unité parfaite.

## Ce qui se ressemble s'assemble – comment élever votre fréquence énergétique

Vous avez certainement déjà entendu dire que tout ce que vous émettez vous revient. Cet échange d'énergie est la loi universelle de la cause et de l'effet.

Certains l'appellent le karma ou la loi de résonance. Nous recevons toujours sur la fréquence énergétique sur laquelle nous émettons – telle est la loi d'attraction universelle. Si vous faites passer votre niveau de conscience de la peur à l'amour, vous transformez automatiquement la fréquence de vos pensées et de vos convictions intérieures. Vous commencez à vibrer sur une fréquence nouvelle et plus élevée qui vous permet d'obtenir des résultats à ce niveau. Jusqu'à présent, cette loi est souvent mal comprise : suffirait-il de penser assez longtemps qu'on va gagner au loto pour remporter la cagnotte ? Ce n'est bien évidemment pas si simple et si les choses fonctionnaient ainsi, nous serions déjà tous millionnaires ! La loi de l'attraction et de la vibration dit que tout ce qui existe dans l'univers est énergie et vibre à une fréquence donnée. Même si, à première vue, cela peut vous sembler bizarre et difficile à concevoir, sachez que vous êtes, vous aussi, pure énergie. Imaginez que vous grossissez vos cellules un million de fois. Vous découvrez alors qu'elles sont composées de milliards d'atomes et que chaque atome possède un noyau constitué de neutrons et de protons. Ces neutrons et ces protons sont faits de quanta, le quantum étant la plus petite forme d'énergie mesurable. De la même façon que l'ensemble de votre corps est, dans sa plus petite unité, de l'énergie pure, vos pensées sont, elles aussi, une forme d'énergie dont le magnétisme est mesurable. En fin de compte, tout ce qui existe est constitué de particules vibratoires et rien n'est vraiment stable ni fixe, même si nous pouvons avoir cette impression. Tout dans l'univers est vibration. La loi de l'attraction signifie deux choses : que vous devez émettre en pensée sur la même fréquence que celle sur laquelle vous voulez recevoir et qu'en particulier vos convictions intérieures doivent être sur cette fréquence.

Une découverte révolutionnaire issue de la physique quantique a permis de montrer dans le cadre de ce qu'on appelle l'expérience des doubles fentes que l'énergie obéit à la conscience. L'étude a prouvé pour la première fois que la lumière peut se propager aussi bien sous forme ondulatoire que sous forme corpusculaire selon l'intention des chercheurs qui mènent l'expérience. Grâce à cette étude, nous savons que c'est l'esprit ou la conscience qui précède et anime la matière, et que nous créons le monde extérieur à travers notre monde intérieur.

Lorsque nous évoluons à un niveau de conscience inférieur à 200, nous attirons des gens, des expériences et des choses dans notre vie qui vibrent à la même fréquence négative. De même, lorsque nous vibrons au-dessus de 200, nous attirons des gens positifs, l'amour et l'abondance matérielle. C'est aussi ce qui explique pourquoi dans 99 % des cas la loi d'attraction telle qu'elle est expliquée dans de nombreux livres de spiritualité ne fonctionne pas, en réalité. Vous croyez qu'il suffit de vous imaginer en train de posséder une nouvelle voiture ou une nouvelle maison pour la découvrir soudain devant votre porte, comme par miracle. Non. La loi d'attraction signifie que vous attirez précisément tout ce qui se trouve sur la même fréquence énergétique que vos convictions intérieures et votre conscience. Si vous avez des croyances qui vous empêchent de vivre dans la richesse et l'abondance, vous aurez beau imaginer de toutes vos forces une nouvelle voiture, elle ne vous tombera pas du ciel. Le seul moyen d'obtenir ce que vous souhaitez dans votre existence est de transformer votre image de vous-même et vos croyances, et d'élever votre niveau d'énergie. Ce n'est qu'en acceptant d'être le créateur de votre vie et d'élever votre conscience pour la faire passer de la peur à l'amour que vous atteindrez l'abondance véritable. Dès l'instant où vous vous acceptez tel que vous êtes, avec amour et compassion, et où vous cessez de vous auto-saboter, vous voyez s'ouvrir devant vous de nouveaux horizons.

## Exercice de la part spirituelle

**Élevez votre niveau d'énergie par la gratitude**

La gratitude constitue le moyen le plus rapide et le plus efficace d'élever le niveau d'énergie dans le corps. Elle transforme tout en un sentiment d'abondance, de plénitude et d'amour. Elle ouvre le cœur et représente l'état suprême du « recevoir ». Nous pouvons éprouver de la gratitude pour un événement passé, une expérience présente ou quelque chose qui n'est pas encore advenu. La gratitude est comme la mémoire du cœur qui n'a pas besoin de preuves. Il se passe quelque chose de totalement magique dans notre vie lorsque nous ne nous focalisons plus sur le manque, mais sur l'abondance qui nous entoure. Si nous ne sommes pas déjà heureux et reconnaissants aujourd'hui pour tout ce que nous avons, nous avons peu de chance de l'être à l'avenir. Car c'est le moment, ici et maintenant, d'éprouver de la gratitude envers tout ce qui est déjà. Envers quoi êtes-vous reconnaissant aujourd'hui ? Posez une main sur votre cœur, fermez les yeux, puis inspirez et expirez profondément. Sentez comme votre corps se détend et comme votre souffle circule à l'intérieur.

*« Ce ne sont pas les gens heureux qui sont reconnaissants.*
*Ce sont les gens reconnaissants qui sont heureux. »*

■ Francis Bacon

Pensez à quelqu'un qui compte vraiment pour vous et que vous aimez beaucoup. Imaginez que cette personne est debout, là, devant vous ; souvenez-vous de tout ce que vous avez déjà vécu avec elle, de tout ce qu'elle a fait pour vous et de tout l'amour qui existe entre vous. Intérieurement, dites merci à cette personne d'être présente dans votre vie. Maintenant, rappelez-vous un moment particulièrement important pour vous, par exemple quand vous avez terminé votre formation, quand votre enfant est né ou quand vous avez eu le privilège d'assister à un coucher de soleil dans un lieu particulièrement splendide. Imaginez que vous laissez cette gratitude circuler dans votre cœur. À présent, parcourez mentalement la journée que vous venez de passer et rappelez-vous tous les petits moments merveilleux qu'elle vous a réservés. Laissez tous vos souvenirs circuler librement dans votre cœur et autorisez-vous à éprouver une gratitude profonde envers les personnes qui enrichissent votre existence, vos belles expériences de vie et le miracle de chaque instant. Laissez la gratitude circuler dans chaque cellule de votre corps et abandonnez-vous totalement à elle. Imaginez qu'elle se renforce encore à chaque inspiration jusqu'à vous faire esquisser un grand sourire. Puis ouvrez les yeux et revenez à l'ici et maintenant.

Avez-vous pu percevoir à quel point la gratitude remplit votre cœur de joie et de bonheur ?

Rien qu'avec ce petit exercice tout simple mais incroyablement efficace, vous transformez déjà votre énergie. Plus vous le répéterez souvent au quotidien, plus vous constaterez des changements à tous les niveaux. Vos relations deviendront plus détendues et plus satisfaisantes, vous retrouverez votre joie au travail et vous obtiendrez des résultats totalement inédits.

**Tous les matins, commencez votre journée avec cette petite prière de gratitude. Même avant d'ouvrir les yeux, répétez-la dans votre tête :**

*« Merci pour une nouvelle journée*
*Et une nouvelle possibilité*
*De créer ma vie.*
*Merci pour les choses merveilleuses*
*Qui vont m'arriver aujourd'hui.*
*Merci pour les gens*
*Que je vais rencontrer aujourd'hui.*
*Merci pour l'amour*
*Qui va circuler en moi aujourd'hui.*
*Merci. »*

## Saisissez votre bonheur !

- Tout ce sur quoi vous focalisez votre attention est exponentiel.
- Votre conscience est le filtre à travers lequel vous observez ce qui vous entoure. Vous ne voyez pas le monde tel qu'il est réellement mais toujours tel que vous êtes.
- Si vous souhaitez obtenir d'autres résultats que ceux que vous avez obtenus jusqu'ici dans votre vie, vous devez changer de fréquence énergétique.
- Le moyen le plus rapide et le plus efficace d'élever votre niveau d'énergie est la gratitude.

**Mes remarques et mes conclusions :**

........................................................................................................

........................................................................................................

........................................................................................................

........................................................................................................

........................................................................................................

........................................................................................................

........................................................................................................

..................................................................................
..................................................................................
..................................................................................
..................................................................................
..................................................................................
..................................................................................
..................................................................................
..................................................................................
..................................................................................
..................................................................................
..................................................................................
..................................................................................
..................................................................................
..................................................................................
..................................................................................
..................................................................................
..................................................................................

La paix de Dieu
est avec ceux dont
l'esprit et l'âme
sont en harmonie,
qui sont libérés du
désir et de la colère,
qui connaissent
leur propre âme.

La Bhagavad-Gita

# Comment déployer toute la force de votre conscience

La minuscule semence d'un rosier renferme déjà tout le potentiel de la rose. Tout ce qui est nécessaire à l'éclosion, un jour, de centaines de boutons de rose est présent dans la graine infime. Mais il arrive que, pendant des années, cette minuscule graine de rosier soit transportée par le vent à travers le globe, poussée toujours plus loin, fragile dans le vaste monde. Jusqu'à ce qu'un jour elle finisse par tomber sur un sol fertile et que toutes les conditions extérieures soient parfaitement réunies – le sol, la pluie, le soleil… Et la toute petite graine, qui pensait qu'elle n'allait peut-être jamais fleurir, prend alors racine. Au bout de quelques semaines, une rose magnifique commence à fleurir. Le potentiel de cette merveilleuse rose est resté présent pendant tout ce temps à l'intérieur de la minuscule semence.

Mais pour fleurir, la rose avait besoin de conditions favorables au bon moment. Et lorsqu'elle finit par fleurir un jour, elle ne regarde pas vers le passé. Elle ne se dit pas : «Pourquoi? Pourquoi le vent m'a-t-il transportée si longtemps de-ci, de-là, à travers le monde? Pourquoi ai-je dû attendre si longtemps pour fleurir?» La rose ne regarde pas en arrière. Elle sait que tout vient en son heure. Elle comprend que son potentiel était enfoui en elle pendant tout ce temps. Et elle fait rayonner le monde de sa beauté.

Il en est de même pour l'être humain. Son potentiel infini est en lui à sa naissance. Nous avons déjà en nous tout ce dont nous avons besoin pour nous créer une vie réussie, heureuse et épanouie, et même (encore mieux) pour apporter notre contribution à l'humanité. Tout ce que l'homme a accompli jusqu'ici, de la construction des pyramides jusqu'à l'invention de l'Internet en passant par les transplantations cardiaques et les guérisons de nombreuses maladies, nous montre, encore et encore, ce potentiel infini. Mais contrairement à la rose, nous utilisons rarement ce potentiel pour fleurir et faire resplendir notre beauté ; au contraire, nous le dirigeons contre nous en nous disant : «Qui suis-je pour avoir le droit de resplendir de toute ma beauté?» ou «Le potentiel, je crois que c'est bon pour les autres, car en moi je ne découvre rien.» Nous regardons constamment vers le passé et nous construisons une image de nous-mêmes basée sur nos expériences et les conclusions que nous tirons. Et cette image est extrêmement limitée dans son potentiel.

Un souvenir me revient. J'ai l'impression que c'était hier alors que cela fait déjà sept ans. C'était l'hiver, j'étais étudiante et je rentrais chez moi en train. De grosses gouttes de pluie ruisselaient sur les vitres. Mon humeur était comme le temps dehors. Je regardais la pluie tomber, je me sentais seule et triste, et totalement inutile sur cette terre. Puis il se passa quelque chose qui bouleversa complètement ma vie. Sans savoir d'où elle venait, je sentis soudain, un court instant, une lumière vive et chaude en moi, une lumière qui inondait chacune des cellules de mon corps. Jamais dans ma vie je ne m'étais sentie si bien. C'est comme si j'avais été plongée dans l'amour de la tête aux pieds. Je me sentais incroyablement reliée au monde et à moi-même. J'ignorais d'où pouvait venir cette impression, mais je savais que je voulais éprouver en moi pour toujours cette confiance, cet amour et cette véritable liberté intérieure. Malheureusement, ce sentiment merveilleux ne dura qu'un instant, mais cet instant suffit à me faire dire que quelque chose en moi devait l'avoir suscité. J'ignore toujours ce qu'était exactement cette lumière et d'où elle venait. Mais à cet instant, il m'est apparu clairement que si j'avais pu éprouver ce sentiment pendant une seconde, je pouvais l'éprouver plus longtemps. Il était déjà en moi. Je devais simplement le ressentir. J'avais découvert la graine enfouie à l'intérieur, et je me souvenais brusquement de mon potentiel et de l'amour infini qui m'habitait. J'avais pris subitement conscience de ce que nous pouvons éprouver lorsque nous nous relions à l'amour qui est en nous et ne sommes plus dans la dévalorisation permanente de nous-mêmes ou dans la peur d'être abandonnés ou blessés. C'est alors que j'ai pris la décision de chercher en moi aussi longtemps qu'il le faudrait pour retrouver cette lumière chaude, pouvoir arroser ma graine et, un jour, fleurir comme une rose.

C'était le début du voyage vers mon essence véritable. J'ai commencé à me lancer à fond dans le développement personnel, à participer à des séminaires et à méditer. L'une après l'autre, j'ai ôté les couches que j'avais mis tant d'années à constituer.

Timothy Gallwey, un coach sportif américain, avait cette formule : potentiel – interférences = performance. J'ai transformé la formule en : conscience – auto-sabotage = part spirituelle. Notre part spirituelle est l'expression parfaite de notre conscience illimitée mais dont nous entravons le déploiement avec des croyances sclérosantes et des pensées négatives. Dès que nous sommes dans la part la plus élevée de nous-mêmes, nous créons notre vie avec une légèreté déconcertante. Nous avons conscience de nos forces et de nos faiblesses et sommes guidés par une confiance profonde. Notre part spirituelle n'obéit pas à des motivations égoïstes et ne cherche pas à prouver quoi que ce soit, car elle est amour de soi véritable et désir de servir le monde. Tant que nous bloquons notre conscience par auto-sabotage, nous éprouvons un manque permanent et un besoin de sécurité parce que nous ne pensons pas pouvoir trouver cette sécurité à l'intérieur de nous. En identifiant et en éliminant peu à peu notre auto-sabotage et nos interférences, nous nous reconnectons à notre véritable état d'amour. L'amour est l'énergie qui circule constamment dans notre être et que nous exprimons quand nous croyons en nous et nous créons une vie aussi authentique que possible.

## Identifiez et levez vos blocages intérieurs

*« Pourquoi attendre le ciel ? Ceux qui cherchent ne cachent que leurs yeux. La lumière est en eux. L'illumination n'est pas une transformation, seulement une reconnaissance. »*

**Un cours en miracles**

Enfants, nous avons une confiance absolue en nous et dans le monde. Nous nous sentons reliés, protégés et aimés. Nous ne pensons pas à l'avenir et vivons pleinement au présent. Nous jouons comme des fous, nous nous testons et nous croquons la vie à pleines dents. Jusqu'au jour où il se passe quelque chose qui nous blesse et perturbe notre image de nous-mêmes. Peut-être qu'à la maternelle un autre enfant nous dit : « T'es stupide ! » ou que nos propres parents nous houspillent soudain dans un moment d'exaspération. Peut-être est-ce suite à un événement traumatisant (la perte de quelqu'un que nous aimions ou une grave maladie). Nous commençons à nous dire que le monde n'est pas un lieu aussi sûr que cela et que nous devons nous protéger. Parfois, nous allons jusqu'à nous juger responsables de la séparation de nos parents, pensant que nous avons dû faire quelque chose de mal ou que quelque chose ne tourne pas rond en nous.

Même après des milliers de coachings, je suis toujours aussi stupéfaite de constater les histoires que nous nous racontons sur nous-mêmes au cours de notre vie et dans lesquelles nous avons presque toujours le mauvais rôle. Plus nous grandissons et plus nous faisons d'expériences qui ébranlent notre confiance absolue d'enfant, plus nous nous éloignons de notre nature véritable et commençons à nous protéger des blessures attendues. Nous devenons prudents, voire méfiants et finissons par perdre le contact avec l'amour en nous. C'est le moment où, d'une façon ou d'une autre, la vie commence à devenir dure. Soudain, nous ne nous sentons plus en harmonie avec le monde et le considérons comme un endroit dangereux. L'existence, qui était un jeu, devient un combat. Pourtant, le monde extérieur ne fait que refléter ce changement de notre monde intérieur. Le monde lui-même n'a pas changé, c'est notre point de vue sur lui qui a changé. Dès l'instant où nous avons déduit de nos expériences douloureuses que le monde est un lieu dangereux, nous ne voyons plus les choses qu'à travers ce filtre et cessons d'être les créateurs joyeux et enthousiastes de notre propre vie.

La conscience agit sur trois niveaux en interconnexion et en interaction.

Le premier niveau est celui du **présent**, de l'**ici et maintenant**. C'est là que s'éprouve le moi créateur. Le seul moment où nous pouvons vivre et créer est le moment présent. La question de savoir si nous créons, et quoi, si nous sommes heureux et épanouis dans le présent et si nous nous exprimons complètement, dépend des deux autres niveaux.

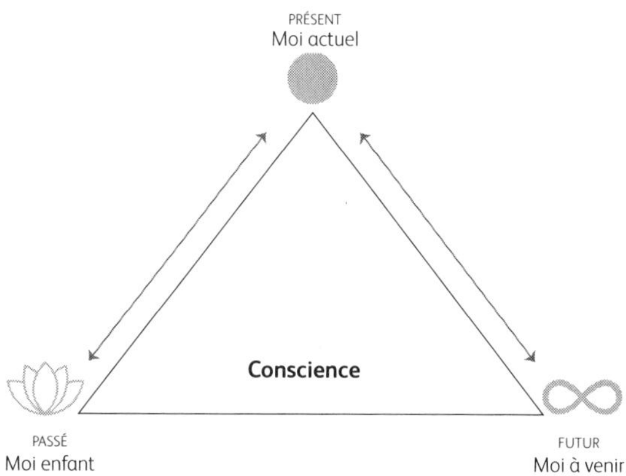


Le deuxième niveau représente le **passé** et il est incarné par notre enfant intérieur. C'est là que nous trouvons toutes nos expériences vécues et ce niveau est pris comme base, comme référence de toutes nos actions, par le moi actuel. Si les expériences négatives, la méfiance et les peurs prédominent à ce niveau, cette énergie est automatiquement transférée dans le présent.

Le troisième niveau est celui du **futur** où nous trouvons notre moi sage. L'avenir est le lieu de nos désirs et de nos souhaits, l'endroit où nous voulons apporter quelque chose et donner un sens à la vie. C'est le niveau des perspectives et des objectifs. Comme le passé, le futur influence considérablement le présent puisque notre comportement aujourd'hui dépend de ce que nous nous souhaitons pour demain. Plus nous nous projetons dans le futur, plus nous allons nous mobiliser dans le présent pour concrétiser notre vision de l'avenir. En revanche, s'il nous manque une perspective ou un regard positif sur un futur porteur de sens, il nous manque automatiquement la joie du présent. Si l'un ou plusieurs de ces niveaux sont affaiblis ou ne sont pas source de satisfaction, la conscience tombe dans un état de manque et de déséquilibre.

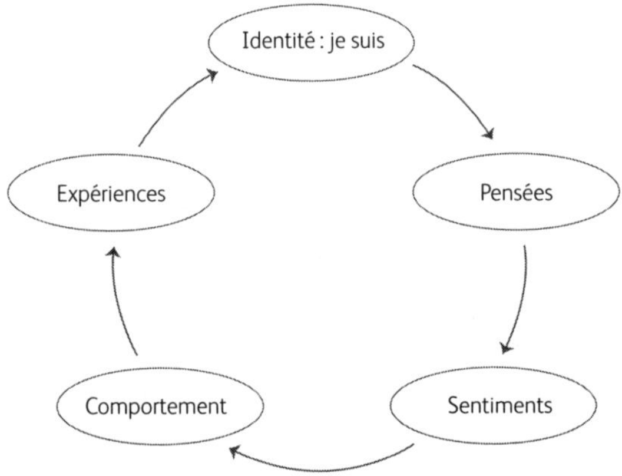

Notre épanouissement ou notre non-épanouissement dans le présent dépend de ce que nous pensons et ressentons à ce moment précis. Nos pensées et nos sentiments reposent sur notre attitude intérieure qui s'est forgée tout au long de notre vie à travers nos convictions. Nos convictions, elles, sont la somme de nos perceptions subjectives et de notre conscience. Moralité : si nous avons toujours les mêmes pensées et les mêmes sentiments, nous créons toujours la même réalité.

Le seul chemin vraiment efficace vers une existence heureuse et accomplie passe par la transformation de notre conscience et de l'image que nous avons développée de nous-mêmes au cours de la vie. En ré-harmonisant les trois niveaux de la conscience, nous élevons le niveau d'énergie de notre propre conscience et accédons à notre véritable potentiel. Il existe une question plus importante que toutes celles que vous serez amené à vous poser dans votre vie. Cette question est :

*« Qui ai-je envie d'être sur cette terre ? »*

Dans ce livre, je vais vous aider à développer une vision aussi positive que puissante de vous-même et à trouver une réponse authentique à cette question. Vous allez apprendre à vous voir sous un jour entièrement nouveau. Si vous savez qui vous voulez être, ce que vous voulez penser et éprouver, vous pouvez commencer à déployer cette vision dans le monde extérieur.

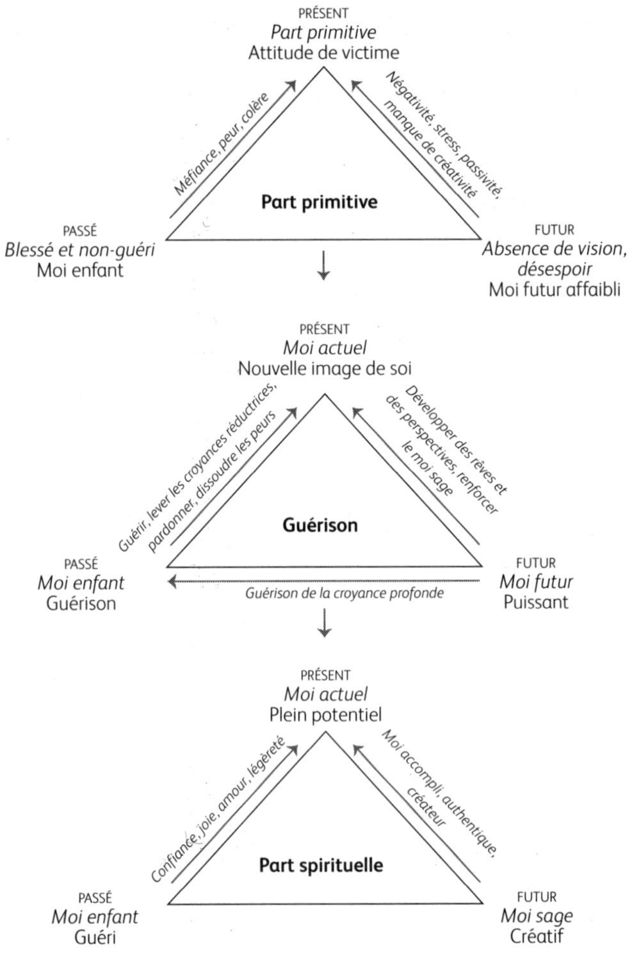
PRÉSENT
Part primitive
Attitude de victime
Méfiance, peur, colère
Négativité, stress, passivité, manque de créativité
Part primitive
PASSÉ
Blessé et non-guéri
Moi enfant
FUTUR
Absence de vision, désespoir
Moi futur affaibli
PRÉSENT
Moi actuel
Nouvelle image de soi
Guérir, lever les croyances réductrices, pardonner, dissoudre les peurs
Développer des rêves et des perspectives, renforcer le moi sage
Guérison
PASSÉ
Moi enfant
Guérison
Guérison de la croyance profonde
FUTUR
Moi futur
Puissant
PRÉSENT
Moi actuel
Plein potentiel
Confiance, joie, amour, légèreté
Moi accompli, authentique, créateur
Part spirituelle
PASSÉ
Moi enfant
Guéri
FUTUR
Moi sage
Créatif

Ce livre va vous montrer comment restaurer l'harmonie à l'intérieur de vous pour donner forme à la vie dont vous rêvez et que vous méritez. Après l'avoir refermé, vous porterez un regard totalement inédit sur vous-même et envisagerez l'avenir avec confiance – une confiance qui est d'abord confiance en vous. Vous aurez guéri vos vieilles blessures émotionnelles et accompli une transformation, passant de votre part primitive à votre part spirituelle.

Dans le chapitre suivant, nous allons voir comment vous pouvez porter un nouvel éclairage sur votre passé. Vous allez vous familiariser avec la citation du Bouddha pour guérir vos peurs profondes et faire la paix avec votre passé. Développer une attitude fondée sur l'amour et la confiance. Éliminer vos croyances paralysantes et vous libérer mentalement et émotionnellement de tout ce qui vous a retenu jusque-là. Vous relier à votre énergie du cœur pour ne plus agir sous l'influence de la peur et du manque, mais par amour et dans la plénitude. Dans le dernier chapitre, nous verrons comment développer une vision forte de votre avenir.

## Saisissez votre bonheur !

- Tout votre potentiel est déjà en vous et attend d'être vécu.
- Conscience – auto-sabotage = votre part spirituelle.
- Votre monde intérieur crée votre monde extérieur.
- Ce n'est qu'en transformant votre conscience que vous créerez une nouvelle réalité.
- Demandez-vous : « Qui ai-je envie d'être sur cette terre ? »

### MANTRA : « SO HAM »

Utilisez le mantra « So Ham » (Je suis ainsi), puissant et guérisseur, à chaque fois que vous sentez que vous n'êtes pas en harmonie avec vous-même. Répétez ce mantra dans votre tête en pratiquant dix respirations profondes (1 respiration = 1 inspiration + 1 expiration).

## Mes remarques et mes conclusions :

................................................................................................

................................................................................................

................................................................................................

................................................................................................

................................................................................................

................................................................................................

................................................................................................

................................................................................................

................................................................................................

................................................................................................

................................................................................................

................................................................................................

................................................................................................

................................................................................................

................................................................................................

................................................................................................

..........................................................................

..........................................................................

..........................................................................

..........................................................................

..........................................................................

..........................................................................

..........................................................................

..........................................................................

..........................................................................

..........................................................................

..........................................................................

..........................................................................

..........................................................................

..........................................................................

..........................................................................

..........................................................................

..........................................................................

# Guérissez votre passé

Les miracles se produisent de façon naturelle, tels des expressions de l'amour. Le véritable miracle est l'amour qui les inspire. En ce sens, tout ce qui vient de l'amour est un miracle.

Un cours en miracles

# Quand vous vous guérissez, vous guérissez le monde

Imaginez que vous vous tournez vers votre passé et exprimez de la gratitude envers toutes les expériences que vous avez vécues jusque-là, qu'elles vous aient plu ou pas. Qu'est-ce qui serait différent aujourd'hui dans votre vie si vous ne ruminiez plus un sentiment de honte, de colère, voire de haine à l'égard de votre passé ? Si vous ne faisiez plus de reproches, ni à vous-même ni aux autres ? Si vous n'aviez plus honte d'un échec qui remonte à des années ? Si vous n'accusiez plus les autres de vos espoirs déçus ? Imaginez que vous pouvez enfin déposer cette valise remplie de pierres du passé et poursuivre votre voyage avec un bagage plus léger.

*« Déposer enfin, et pour toujours,*
*cette valise de reproches est la condition pour vivre*
*un présent heureux et épanoui. »*

Le plus grand cadeau à vous faire dans votre vie est d'accepter votre passé et de lâcher tout ce qui vous pèse pour continuer votre chemin personnel avec légèreté, enthousiasme et confiance totale. Tel est le miracle à vous offrir. Il est temps de laisser tomber les armes et d'arrêter de partir en guerre toutes les cinq minutes pour avoir toujours raison et protéger l'ego. Ne restez pas dans vos mécanismes de défense, car cette guerre que tant d'individus mènent au quotidien n'a pas de vainqueur.

Tout le monde est perdant. L'ego réclame un droit de vengeance lorsque nous jugeons avoir été maltraités, que ce soit par nos parents, nos frères et sœurs ou d'autres personnes de notre entourage. L'ego croit toujours avoir été lésé, ne pas avoir reçu assez d'amour ou d'attention ou avoir été trop blessé. Il pense ne pouvoir se protéger de nouvelles blessures que par la séparation et la contre-attaque. Les armes qu'il utilise à cet effet ne sont pas en métal dur, mais elles n'en sont pas moins dangereuses et blessantes pour autant. Par exemple, nous pouvons partir en guerre contre nos parents et les punir en coupant les ponts avec eux ou en leur montrant tous les jours à quel point nous sommes malheureux parce qu'ils ne nous ont pas assez aimés quand nous étions petits, parce qu'ils ont divorcé ou, au contraire, parce qu'ils n'ont pas divorcé.

## Les gens blessés blessent

Nos armes sont aussi diverses qu'il existe d'individus sur terre. Les êtres humains vont parfois même jusqu'à condamner leur existence toute entière en arrêtant de vivre à partir d'un moment donné. Ils ne veulent plus participer au jeu de la vie, se montrent récalcitrants et rendent la terre entière responsable de leur propre malheur. Peut-être même connaissez-vous des personnes qui passent leur vie à traîner les pieds en signe de reproche au monde entier. Elles portent un sac rempli de pierres et rendent tout le monde responsable de ce poids au lieu de se résoudre à déposer le sac à terre, tout simplement. Si nous ne guérissons pas nos blessures, nous enclenchons une suite interminable de nouvelles blessures que nous imputons aux autres et à nous-mêmes parce que nous ne vivons plus dans l'amour, mais constamment sur un mode d'autodéfense et dans la méfiance.

La vérité, c'est que personne ne peut nous blesser hormis nous-mêmes. Nous nous blessons en croyant que nous sommes séparés les uns des autres et que la vie est contre nous. Nous nous voyons séparés de cette puissante énergie divine qui, en réalité, nous traverse tous à chaque instant. Nous redoutons d'être quittés, alors que nous ne sommes déjà pas solidaires de nous-mêmes. Nous craignons d'être blessés, alors qu'à travers cette peur nous ne cessons de blesser les autres autour de nous parce que nous ne nous autorisons pas de véritables relations. Du coup, de peur d'être rejetés ou de ne pas être aimés, nous portons un masque et jouons à être quelqu'un d'autre. Nous cessons d'aimer sans réserve et ne voyons plus le monde comme un lieu de paix où nous pouvons nous exprimer avec joie et enthousiasme dans notre unicité, mais comme un endroit où nous ne pouvons plus faire confiance et où nous devons nous protéger.

Ce n'est qu'en apprenant à rouvrir nos cœurs et à considérer le passé pour ce qu'il est – précisément une chose passée, juste une histoire dans notre tête – que nous pouvons briser ce cercle vicieux et nous autoriser à trouver un véritable accomplissement dans le présent.

Être dans notre part spirituelle signifie considérer que nous avons choisi notre vie, avec toutes les expériences qu'elle comporte, et que nous voulons y apprendre quelque chose sur nous-mêmes. C'est ainsi que l'existence nous offre une multitude d'expériences qui, à chaque fois, nous permettent de choisir qui nous voulons être vraiment et de nous relier à notre vérité intérieure.

Les pages qui suivent sont là pour vous montrer comment guérir vos vieilles blessures. Dans la première partie du triangle de la part spirituelle, nous allons nous concentrer sur le passé et faire disparaître les reproches, les sentiments de culpabilité et les peurs qui, jusqu'ici, vous ont empêché d'exprimer toute votre force. À la fin de cette première partie, vous aurez dissous vos peurs les plus profondes, abandonné vos reproches et adopté un tout nouveau regard (source de puissance, cette fois) sur votre propre histoire.

# Comment, grâce au Bouddha, j'ai pu me débarrasser de ma plus grande peur

Peu avant mon voyage en Afrique du Sud en début d'année, je me suis inscrite à un cours de méditation Vipassana de dix jours aux environs du Cap. Un ami m'en avait parlé un jour et, en l'écoutant me raconter son expérience, j'avais eu l'intuition très forte que, moi aussi, je devais absolument aller là-bas. Je me disais que c'était peut-être la préparation idéale au livre que je voulais écrire, l'occasion de rassembler mes idées et d'y voir plus clair. Je ne me suis pas vraiment renseignée sur le programme exact, tout ce que je savais, c'est que nous allions méditer et nous taire pendant dix jours et que nous n'aurions très vraisemblablement que du riz à manger.

Après une semaine au Cap, l'aventure a commencé. Mon ami m'a conduite jusqu'au centre de méditation, à environ 1 h 30 de la ville. Je suis montée dans la voiture pleine d'élan, me réjouissant de passer dix jours dans un bain de sérénité intérieure, de paix et d'harmonie totale. Je m'imaginais assise, heureuse, sur mon petit coussin de méditation et, au bout de dix jours, revenir chez moi complètement régénérée.

Le centre de méditation est un lieu superbe, entouré de montagnes et totalement coupé du monde. En arrivant sur place, j'ai pris congé de mon ami et me suis dirigée vers la salle des inscriptions pour prévenir de ma venue.

Une fois l'inscription enregistrée, on m'a accompagnée dans la partie du centre de méditation que nous n'allions plus quitter pendant dix jours. On m'a donné une chambre minuscule, numéro 16D. Je me suis assise sur le lit. Devant moi, sur le mur, était affiché l'emploi du temps et le code de discipline de la méditation Vipassana, qui stipule que chaque participant est tenu, pendant les dix jours, de suivre les règles suivantes :

1. Le «Noble Silence» signifie que l'on doit garder le silence et n'avoir aucun contact physique ni visuel avec les autres participants pendant toute la durée du cours.
2. On laisse tout de côté (livres, téléphone mobile, ordinateur portable, etc.) sauf les vêtements.

3. On n'interrompt pas les dix jours et l'on médite aux heures prévues.

Il était peut-être préférable que je ne me sois pas vraiment renseignée auparavant sur ce qui m'attendait. Ma toute petite chambre comportait un lit et une minuscule table de nuit. L'emploi du temps, identique chaque jour, était le suivant :

4 h lever, 4 h 30-6 h méditer, petit-déjeuner, 8 h-9 h méditer, courte pause, 9 h-11 h méditer, déjeuner, 13 h-14 h 30 méditer, courte pause, 14 h 30-15 h 30 méditer, courte pause, 16 h-17 h méditer, dîner, 18 h-19 h méditer, 19 h-20 h discours de l'enseignant, 20 h-21 h méditer et à partir de 21 h dormir.

J'ai commencé à me dire que dix jours, cela ferait peut-être long, mais je continuais de me réjouir à cette perspective ; après tout, je méditais déjà tous les jours depuis plusieurs années et j'étais sûre que j'allais vivre un moment de détente incroyable.

Le premier jour s'est merveilleusement bien passé. Hyper motivée, j'étais assise à 4 h 30 dans la salle de méditation, prête à tirer le meilleur de ces dix jours. Au début, c'était bizarre de n'avoir le droit de parler à personne et je sentais mon esprit qui, au fil de la journée, commençait à abriter les pensées les plus étranges. Quand, brusquement, on n'a plus à faire qu'à soi-même, l'esprit se détache pour fonctionner tout seul et les choses prennent une allure beaucoup plus dramatique qu'elles ne le sont en réalité. Un peu comme lorsqu'un soir on se rappelle soudain qu'on doit écrire un mail important le lendemain et que ce mail devient une affaire d'État.

Le soir du premier jour, alors que l'enseignant tenait un discours pour nous expliquer la théorie de la Vipassana, j'ai appris que c'est par cette technique que le Bouddha avait reçu l'illumination. La connaissance de la méditation Vipassana avait été préservée dans sa forme originelle par des moines bouddhistes pendant près de 2500 ans en Birmanie, alors qu'elle s'était perdue partout ailleurs. Ce n'est qu'au milieu du 20e siècle que son enseignement s'est diffusé à nouveau à travers le maître S. N. Goenka.

Le Bouddha avait réussi à dissoudre toute sa souffrance et à être libéré des peurs et des inquiétudes humaines grâce à la Vipassana. Je me disais que l'illumination, ça semblait génial. Et ce serait aussi merveilleux d'être libéré de toute souffrance. Mais il y avait un hic, bien évidemment. Si l'illumination était si facile à atteindre, nous l'aurions probablement déjà. Car pour devenir illuminé, il faut d'abord que tout ce qui empêche l'illumination remonte à la surface. Le chemin vers l'illumination passe nécessairement par l'obscurité.

La Vipassana apprend à observer attentivement, avec un esprit calme et pondéré, les sensations qui arrivent dans le corps, s'y déploient et en repartent. Le Bouddha s'était rendu compte que notre corps nous sert à éprouver toute la gamme des émotions et des sentiments et que notre inconscient travaille non-stop à traiter sous forme de sensations corporelles l'ensemble des stimuli extérieurs. Le fondement de la Vipassana est la loi universelle de l'impermanence. Tout, dans l'univers, est soumis à cette loi. Tout se transforme sans cesse. Pendant que vous êtes en train de lire ces mots, vous avez vieilli, votre corps a changé, vos pensées ne sont plus les mêmes, la terre a continué de tourner et rien n'est plus comme il y a quelques instants.

Nous expérimentons cette loi universelle sur nous-mêmes à travers l'observation consciente et objective de nos propres sensations corporelles. Les sentiments et les émotions affluent, s'expriment d'une manière ou d'une autre, puis s'évanouissent. Le Bouddha en a conclu que la clé de l'illumination consiste à percevoir les émotions qui apparaissent, mais sans se laisser influencer par elles.

Facile en théorie. Si seulement il n'y avait pas ce petit détail qui fait que notre esprit, dès l'instant où il n'est plus sollicité par l'extérieur, commence à faire émerger tout ce qui a été réprimé jusque-là en nous !

Le deuxième jour, alors que je méditais, mon mental s'est mis soudain à dérouler des scénarios dramatiques devant mes yeux. Je m'imaginais, en revenant chez moi après ces dix jours, que mon ami allait me quitter ou qu'il était tombé amoureux d'une belle surfeuse pendant mon absence. Je m'imaginais que les gens que j'aimais allaient avoir un accident, qu'il allait arriver quelque chose à mes frères ou que ma grand-mère allait peut-être tomber malade. Pour chacun de ces scénarios, mon mental devenait incroyablement créatif, trouvant toutes les raisons pour lesquelles les choses ne pouvaient être que comme cela et pas autrement. Il trouvait les arguments les plus logiques et, à un moment donné, assise là sur mon coussin, j'ai senti les larmes me monter aux yeux, ma gorge se serrer et la peur envahir chaque cellule de mon corps. Je me sentais terriblement seule. Abandonnée. J'avais soudain une peur panique qu'on me laisse seule. Quelque part en moi, il me restait bien encore une toute petite part de bon sens qui tentait de combattre cette peur, mais en vain ; c'était Don Quichotte qui se battait contre des moulins à vents.

J'essayais de me dire que tout cela, c'était des fadaises, de me répéter que tout allait bien et que je n'avais aucune raison de m'inquiéter autant. Mais la peur avait appuyé depuis longtemps sur les bons boutons en moi de sorte que j'avais beau me raisonner, rien n'y faisait. J'étais tellement désespérée et la peur si insupportable que j'ai commencé à lui crier dessus dans ma tête. Si fort que je pensais que tout le monde autour de moi allait m'entendre. Je criais à la peur de cesser de me mettre ces images épouvantables devant les yeux. Je lui criais que je ne voulais pas la ressentir. Que cela me faisait mal. Que je ne voulais pas éprouver cette souffrance. Je la suppliais de s'en aller. Mais elle ne partait pas. Elle restait même totalement insensible à mes prières qui ne faisaient d'ailleurs que la renforcer. Elle demeurait assise à côté de moi sur mon coussin de méditation et ne bougeait pas d'un pouce.

## Le problème n'est jamais le problème

Le troisième jour, après une nuit blanche, j'étais assise toute chiffonnée sur mon coussin de méditation et me demandais combien de temps j'allais tenir. Si les sept jours suivants se passaient à l'identique, je perdrais la raison. J'ai commencé à m'énerver contre moi-même. J'étais coach, nom de dieu ! J'avais pourtant un million de techniques pour gérer les peurs. Comment se faisait-il que je me sente aussi impuissante ?

Durant l'un des rares moments de méditation où j'ai réussi à me concentrer totalement sur ma respiration et à calmer un peu mon système nerveux, je me suis rassemblée et j'ai réfléchi aux possibilités qui étaient les miennes. Mon ego et le petit démon en moi me poussaient à plier bagage et à partir sans tarder. Une option que je n'envisageais pas une seule seconde. Il ne me restait donc qu'une seule possibilité : trouver un moyen de sortir de ma souffrance et de ma peur. Je voulais tellement tirer le meilleur pour moi de ces dix jours, mais je sentais bien que ce n'était pas avec mon mental rationnel que j'allais y arriver.

Alors j'ai fait la seule chose qui me semblait possible à cet instant : j'ai prié. J'ai prié pour qu'il se passe un miracle. J'ai prié pour pouvoir adopter un nouveau point de vue sur ma peur. J'ai prié pour qu'on m'envoie un signe, n'importe quoi d'improbable, afin que je sache que la peur n'est qu'une illusion et que je peux avoir confiance.

C'est précisément dans ces moments qui nous poussent à vouloir fuir que nous apprenons la confiance. Quand tout en nous réclame de prendre la poudre d'escampette. Quand la peur panique nous submerge. Avoir confiance justement dans ces moments-là, tel est l'art de la vie accomplie. Ne pas s'abandonner à la méfiance, mais suivre l'amour. La voix en nous qui nous dit que tout est bien. Vous êtes protégé. Même si vous avez l'impression du contraire, ayez confiance et vous allez voir que tout finit par s'arranger.

Lorsque j'ai prié pour qu'il se passe un miracle, j'ai cessé de lutter. J'ai arrêté de crier contre la peur et de vouloir qu'elle fiche le camp. J'ai arrêté de croire que je devais toujours tout savoir, avoir une solution pour tout et ne jamais avoir peur. Je me suis autorisée à faire cette expérience et à ne pas en savoir plus. Je m'en suis remise à ce qui était, ouvrant ainsi la porte à une solution qui se trouvait en dehors de ma raison. Je me suis ouverte à la possibilité de ne pas devoir tout régler toute seule, mais de demander de l'aide et de l'accueillir.

L'univers ne se fait pas attendre longtemps lorsque nous le prions de faire un miracle. Au moment où j'ai lâché, je me suis détendue et j'ai été prête à considérer autrement ma peur. Soudain, il m'est apparu clairement que les scénarios dramatiques qui s'étaient déroulés dans ma tête n'étaient que les symptômes d'une peur nettement plus profonde. Je sentais qu'à travers ces symptômes mon corps me rappelait l'origine de cette peur pour m'en débarrasser définitivement. J'ai pris conscience que cette peur était profondément enracinée en moi, si profondément que je ne la percevais même plus. Étant donné que, pour la première fois de ma vie, j'étais face au calme absolu, que je n'étais plus distraite par l'extérieur et que je ne cherchais plus à me détourner de moi-même en me surchargeant de travail, en consommant ou en étant constamment sur les réseaux sociaux, j'éprouvais de nouveau cette peur qui m'avait laissée tranquille depuis plus de vingt ans avec une acuité extrême. J'ai commencé à me rappeler son origine. Toutes les images que j'avais produites dans ma tête ces derniers jours avaient la même racine : la peur profonde d'être abandonnée. J'avais complètement réprimé ce sentiment depuis de nombreuses années parce qu'il était trop douloureux. Mais la peur est comme l'eau qui s'infiltre dans un navire qui coule : elle trouve toujours un moyen de monter et, à un moment donné, de faire sombrer l'embarcation. Le seul moyen d'apaiser et de laisser s'évanouir ses peurs est de les mettre en lumière. Nous devons avoir le courage de les regarder de près et de tolérer leur présence au plus profond de nous si nous voulons en guérir.

*« Votre devoir n'est pas de chercher l'amour, mais simplement de chercher et de trouver en vous-même toutes les barrières que vous avez construites contre lui. »*

■ **Un cours en miracles**

Au cours de ma méditation, me sont revenus des souvenirs que j'avais complètement effacés de ma mémoire (consciente) mais qui continuaient d'agir inconsciemment en moi et avaient engendré bien d'autres expériences douloureuses par la suite. Ils remontaient à la première année qui avait suivi le divorce de mes parents, et ils étaient si douloureux que je les avais refoulés au plus profond de mon être. Jusqu'à l'âge de dix ans, j'ai vécu une enfance parfaite. J'ai grandi avec mes deux frères dans un internat entouré d'un parc magnifique que mon père dirigeait à l'époque. Quand j'ai eu quatre ans, mes parents m'ont offert un joli petit poney bien dodu qui est devenu mon meilleur ami. Tous les jours j'étais dans la forêt, je galopais à travers champs et j'allais même en classe avec mon nouveau copain. J'étais un mélange de Ronja la fille de brigand et de Fifi Brindacier. Rien ne pouvait m'inquiéter. Le pire événement dont je me souvienne, c'est quand un jour mon frère aîné a mis le feu aux cheveux de l'une de mes poupées. J'ai répliqué en peignant en rose sa cabane en bois qu'il avait pris tant de peine à construire avec son meilleur ami. Mais à partir de mes dix ans, tout a changé. Par une belle journée d'été, mon père nous a emmenés, mes frères et moi, à la piscine. Nous avons passé toute la journée dehors, joué et ri comme des fous, et lorsque nous sommes rentrés épuisés le soir à la maison, je m'apprêtais à aller raconter cette journée à ma mère, toutes les choses formidables que nous avions vécues à la piscine. Mais au moment où j'ai ouvert la porte de la maison, j'ai su que quelque chose ne tournait pas rond. Quelque chose avait changé, il manquait un objet. Le grand miroir doré de ma mère, accroché au milieu du vestibule, n'était plus là. Je l'ai appelée, mais elle non plus n'était plus là. Pendant que nous étions en train de nager, ma mère était partie de la maison pour démarrer une autre vie ailleurs. Ce jour-là, ma vie a basculé pour toujours.

Je ne comprenais plus le monde. C'était comme si mes repères s'étaient effondrés et, ce jour-là, j'ai perdu ma confiance profonde dans l'univers qui m'entourait. Désespérée, je cherchais en vain une chose à laquelle me raccrocher ou qui m'apporterait de la sécurité, mais il n'y avait que la douleur d'avoir été abandonnée. Peu de temps après, nous avons déménagé avec mon père dans une nouvelle ville, j'ai fréquenté une nouvelle école et me suis sentie comme une étrangère dans ce nouveau monde.

Pendant la méditation, toute cette époque m'est revenue peu à peu en mémoire. Je revoyais les premières semaines dans notre nouvelle maison, les cartons dans ma chambre et le vide en moi. Je sentais la tristesse remonter, ainsi que la peur de perdre tout ce que j'aimais et de me retrouver seule du jour au lendemain.

Grâce à la méditation et pour la première fois depuis près de vingt ans, j'arrivais à voir derrière le mur que j'avais construit alors et à ressentir avec chaque cellule de mon corps la souffrance que j'avais verrouillée. Je me revoyais petite fille, allongée sur mon lit à prier pour que tout rentre dans l'ordre, pour que la souffrance s'en aille, pour ne plus me sentir si perdue et pour me sentir à nouveau chez moi.

J'étais assise là, au milieu des montagnes d'Afrique du Sud, sur mon coussin de méditation, ma peur à côté de moi et réalisant qu'elle avait toujours été là, à mon insu, ces vingt dernières années. Je me rendais compte à quel point cette peur m'avait bloquée dans mes relations, à quel point j'avais dramatisé les choses parce qu'au moindre signe de conflit, ma peur profonde tirait sauvagement la sonnette d'alarme et me privait de toute lucidité.

Lorsque nous nous sentons menacés, notre corps libère des tonnes d'hormones de stress. Sous l'effet d'un stress aigu, notre cerveau court-circuite automatiquement les régions dédiées à la raison et à la logique, et ne travaille plus qu'avec sa partie la plus archaïque : le cerveau reptilien. Tout devient catastrophique. C'est comme si un drame télévisé se déroulait en vous. Il vous est certainement déjà arrivé d'être totalement dépassé par la colère ou la peur, à en perdre toute lucidité. Signe que votre cerveau est retourné subitement à l'âge de pierre. Pendant les vingt minutes qui suivent, c'est peine perdue d'essayer de vous raisonner; tout ce que vous percevez, c'est l'intensité dramatique de la situation. Dans ces cas-là, c'est tout notre système qui passe en mode survie et n'a le choix qu'entre trois possibilités pour s'en sortir : lutter, fuir ou faire le mort. Dans cet état nous ne sommes pas en mesure de prendre de bonnes décisions et de désamorcer la situation : le mode de survie renforce ce comportement (le conflit dans la plupart des cas) au lieu de le résoudre. Il renforce précisément le scénario que nous redoutons le plus, et engendre séparation et blessures.

Je sentais que le moment était venu de guérir la blessure profonde à l'origine de ma peur, cette blessure qui m'avait empêchée durant tant d'années d'ouvrir mon cœur et de refaire totalement confiance. Je m'étais défendue si longtemps contre la souffrance et j'avais cru pouvoir la réprimer, m'ôtant du même coup toute possibilité de la guérir. Le seul moyen de guérir est d'avaler ce médicament au goût amer et de traverser la souffrance. Nous devons projeter de la lumière sur nos ombres afin qu'elles se dissipent.

Alors j'ai pris une grande inspiration et remonté le temps, en pensée, jusqu'à ce jour terrible, jusqu'à ressentir ma peur le plus fortement possible. J'ai pu me voir comme dans un film, spectatrice de moi-même, dans la situation où, à l'époque, je m'étais sentie impuissante et abandonnée comme jamais auparavant dans ma vie. Je me suis assise à côté de celle que j'étais et j'ai pris simplement la petite Laura dans mes bras. Je l'ai serrée très fort en lui disant qu'elle pouvait être fière d'elle et qu'une vie magnifique l'attendait, une vie dont elle n'osait même pas rêver jusque-là. J'ai ressenti la douleur et la solitude si fort en elle et en moi que les larmes ont coulé sur mon visage. J'ai su que j'avais touché le noyau de ma peur. J'ai senti ma cage thoracique comme s'alourdissant de centaines de pierres, ma gorge se serrer à m'étouffer, mon estomac se contracter à me donner des crampes. J'ai répété dans ma tête la voix de mon enseignant en méditation : « Contentez-vous d'observer. » Et, effectivement, mon corps a commencé à se détendre : à chaque respiration, j'arrivais à simplement observer mes sensations, sans les juger, sans vouloir les fuir. La souffrance a cédé. La petite Laura dans mes bras a commencé elle aussi à se relâcher progressivement, et c'était comme si un nœud présent dans mon cœur depuis plus de vingt ans se défaisait. Les larmes de douleur se sont transformées en larmes de gratitude, j'avais trouvé le courage d'affronter et de sentir la souffrance dans ma chair, et donc de la guérir enfin.

## Saisissez votre bonheur !

- Il est parfois préférable de ne pas savoir ce qui vous attend, car alors votre peur vous empêcherait de l'affronter.
- Les vraies réponses vous viennent dans le calme, lorsque l'esprit n'est plus distrait par l'extérieur.
- Le problème n'est jamais le problème. Pour atteindre une véritable guérison, vous devez retourner à l'origine de votre souffrance.
- En général, nos propres peurs produisent justement l'événement que nous redoutons le plus.
- La peur ne se dissout que si vous la mettez en lumière.
- Le miracle consiste à transformer votre point de vue, à passer de la peur à l'amour.

## Mes remarques et mes conclusions :

................................................................................................

................................................................................................

................................................................................................

................................................................................................

................................................................................................

................................................................................................

................................................................................................

................................................................................................

................................................................................................

................................................................................................

................................................................................................

................................................................................................

................................................................................................

................................................................................................

................................................................................................

................................................................................................

Comment j'ai pu me débarrasser de ma plus grande peur

..................................................................................

..................................................................................

..................................................................................

..................................................................................

..................................................................................

..................................................................................

..................................................................................

..................................................................................

..................................................................................

..................................................................................

..................................................................................

..................................................................................

..................................................................................

..................................................................................

..................................................................................

..................................................................................

..................................................................................

Personne ne nous sauve, à part nous-mêmes. Personne ne peut et personne ne doit le faire. Nous devons parcourir le chemin nous-mêmes.

Bouddha

# Nous ne voyons jamais le monde tel qu'il est, mais tel que nous sommes

Pendant le cours de méditation, mon enseignant a raconté une histoire que j'aimerais partager avec vous.

Un jeune professeur possédant de nombreux titres, mais encore peu d'expérience de la vie, embarque pour un voyage en mer. Un très vieux marin fait partie de l'équipage. Chaque soir, le vieux marin rend visite au jeune professeur dans sa cabine pour l'écouter parler de tout ce qu'il a étudié dans les livres. Le vieil homme est impressionné par l'étendue de ses connaissances.

Un soir, le jeune professeur demande au vieux marin :

« Vieil homme, as-tu étudié la géologie ?

– Qu'est-ce donc ?, demande le marin.

– La science de la terre.

– Non, je n'ai pas étudié la géologie et ne suis encore jamais allé à l'université.

– Alors tu as perdu un quart de ta vie, vieil homme. »

Le visage triste, le marin quitte la cabine du professeur et se dit : « Si un homme aussi cultivé me dit cela, cela doit être vrai. J'ai perdu un quart de ma vie. »

Le lendemain soir, le vieux marin retourne voir le jeune professeur dans sa cabine et ce dernier lui demande :

« Vieil homme, as-tu étudié l'océanographie ?

– Qu'est-ce donc ?, demande le marin.

– La science des mers et des océans.

– Non, je n'ai pas étudié cela.

– Alors tu as perdu la moitié de ta vie, vieil homme. »

Ce soir-là, le vieux marin quitte le jeune professeur encore plus triste et se dit : « J'ai perdu la moitié de ma vie. Cela doit être vrai si ce jeune homme érudit le dit. »

Le soir suivant le jeune professeur demande au vieux marin :

« Vieil homme, as-tu étudié la météorologie ?

– Qu'est-ce donc ? Je n'en ai encore jamais entendu parler, répond le marin.

– La science du vent, de la pluie et du temps qu'il fait.

– Non, comme je vous l'ai dit, je n'ai encore jamais étudié, et encore moins la météorologie.

– Tu n'as pas étudié la science de la terre sur laquelle tu vis. Tu n'as pas étudié la science des mers et des océans sur lesquels tu navigues. Tu n'as pas étudié la science de la météo à laquelle tu es exposé tous les jours. Vieil homme, tu as vraiment perdu les trois quarts de ta vie. »

« Cela doit être vrai, j'ai perdu les trois quarts de ma vie si ce jeune homme érudit le dit », pense le vieux marin en s'en allant la tête basse.

Le soir suivant, la balle est dans le camp du vieux marin. Tout excité, il demande au jeune professeur :

« Professeur, avez-vous étudié la natatiologie ?

– La natatiologie ? Non, je n'en ai encore jamais entendu parler !

– Je vous demande si vous savez nager !

– Non, je ne sais pas comment on nage.

– Professeur, alors vous avez perdu toute votre vie. Le bateau a heurté un rocher et va couler. Tous ceux qui savent nager regagneront la rive et seront sauvés, tous les autres couleront avec le bateau. Je suis désolé, professeur, mais vous avez perdu votre vie. »

Nous pouvons étudier toutes les sciences du monde et apprendre dans les livres, mais tant que nous n'appliquons pas ce que nous avons appris et ne nous risquons pas dans la vraie vie, tout savoir est inutile. À un moment donné, nous devons sauter dans l'eau froide et accumuler des expériences qui nous aident à grandir. Ce n'est qu'au bout des dix jours de méditation Vipassana que j'ai vraiment compris cette histoire. J'avais déjà lu tant de livres là-dessus, comment nous libérer au mieux de notre souffrance, mais ce n'est qu'en trouvant le calme absolu à l'intérieur de moi et en faisant ce voyage «en vrai» que j'ai expérimenté la véritable guérison. Aujourd'hui, je suis infiniment reconnaissante envers la Vipassana et, bien sûr, envers le Bouddha. J'ai eu la chance de pouvoir aller jusqu'au bout de ces dix jours de silence et de méditation alors que j'avais été plusieurs fois à deux doigts de plier bagage. Ces dix jours m'ont permis, non seulement de me défaire de l'une de mes peurs les plus profondes, mais aussi de vivre (dans les sept jours qui restaient) des moments de clarté d'esprit et de connexion comme je n'en avais encore jamais vécus auparavant.

Avec la technique de la Vipassana, c'est comme si vous vous résolviez enfin, au bout de tant d'années, à ranger votre garage dans lequel, depuis vingt ans, vous ne cessez d'accumuler les choses. Au cours des premiers jours, grâce à l'observation de la respiration, vous ouvrez la porte du garage, vous rappelant du même coup que vous avez un garage. Mais comme vous n'avez cessé d'y fourrer des choses au cours de votre vie sans jamais rien ranger ni débarrasser, vous vous retrouvez soudain en plein chaos. Tout est en désordre autour de vous, ce sont des piles de caisses, des amoncellements de livres, d'histoires, d'événements vécus, d'images de vacances et de manuels scolaires poussiéreux dans tous les coins. Vous n'avez qu'une envie : faire demi-tour et sortir en courant. Mais il y a cette voix en vous qui sait que le moment est venu de désencombrer ce garage, de vous séparer de ce qui a fait son temps et de mettre de l'ordre dans les caisses. Alors vous vous mettez au travail. Vous ouvrez les caisses les unes après les autres et vous regardez ce qu'il y a dedans, faisant ressurgir les sentiments, les émotions et les souvenirs les plus divers. Des images de relations passées, des vieux bulletins de notes, des bons moments avec vos meilleurs amis, des souvenirs de rêves évanouis. Avec une précaution infinie, vous ouvrez une caisse, puis une autre, et vous vous contentez d'observer les sensations que leurs différents contenus provoquent en vous. C'est en ouvrant les caisses avec curiosité, mais sans vous laisser contrarier par leur contenu (peu importe ce qu'il y a dedans) que vous parvenez à les examiner et à les ranger l'une après l'autre. Peu à peu, l'ordre revient dans votre garage. Vous constatez qu'il y a beaucoup de choses dont vous n'avez plus besoin et que vous avez entassées là depuis bien trop longtemps. Plus vous prenez le temps de ranger les caisses et de laisser remonter les différents souvenirs, plus vous prenez conscience que la vie est constituée d'un nombre infini d'instants différents et qu'aucun ne dure éternellement.

Vous avez changé, vous avez surmonté des crises, vous avez survécu à des moments douloureux, vous avez ri, pleuré, vous vous êtes dit que vous n'alliez pas pouvoir continuer, vous avez rêvé, aimé, et tout autour de vous s'est transformé. Vous réalisez que chaque moment est unique. Que les sentiments et les émotions vont et viennent, mais que votre conscience conserve toutes ces expériences.

## La paix intérieure surgit quand nous cessons de lutter

À chaque fois que je prends l'avion, j'aime cet instant où l'appareil traverse la couverture nuageuse et où l'on voit l'horizon infini au-dessus des nuages. Cela me rappelle notre conscience. Notre quotidien se déroule souvent comme dans un avion au sol, sur la piste d'envol. Nous voyons les nuages au-dessus de nous, peut-être même qu'il pleut ou qu'il neige, nous sommes stressés, nous doutons, nous ruminons, nous pensons que notre vie ressemble à cette attente interminable sur le tarmac et sous la couverture nuageuse. La vérité, c'est que vous êtes le ciel infini, le soleil et la lune, et toutes les étoiles. Les nuages vous bouchent simplement la vue et vous oubliez qui vous êtes réellement. Vous êtes si occupé par la pluie ou la neige que vous oubliez que la pluie et la neige ne sont peut-être qu'un pour cent de ce que vous êtes vraiment.

Vous pouvez vous représenter votre conscience comme le ciel infini, limpide, bleu clair, paisible et illimité. Le ciel reste là, quels que soient les nuages qui passent. Le ciel ne change pas. C'est la même chose avec votre conscience. Elle est infinie. Elle contient tout. La Vipassana, c'est l'avion qui vous permet de décoller enfin et de voler au-dessus des nuages, qui vous rappelle que vous êtes la conscience illimitée aux expériences nombreuses et variées. Globalement, la méditation vous apprend à diriger et à focaliser votre esprit consciemment. Représentez-vous chacune de vos pensées comme un nuage que vous pouvez repousser et derrière lequel vous découvrez la clarté du ciel. C'est le lieu de la paix intérieure, de la transparence, de l'amour inconditionnel et de toutes les réponses, au-delà de vos pensées.

Par l'observation objective de mon propre corps pendant la Vipassana et la perception consciente de toutes sortes d'émotions telles que la douleur, le bonheur, l'espoir, la joie, la légèreté, la peine, l'amour, la solitude, l'excitation, la colère ou la peur, j'ai pu recevoir ce merveilleux cadeau de saisir intuitivement que tout est en mutation permanente, qu'aucun moment ni sentiment ne dure éternellement. Tout se transforme sans cesse. Sereine observatrice, je sentais que je réussissais de mieux en mieux à voir émerger mes pensées et mes sentiments, à observer les réactions qu'ils susciteraient normalement en moi, et à les laisser repartir, sans les retenir ni les juger. Nous ne pouvons nous libérer de notre propre souffrance que si nous apprenons à percevoir nos sentiments, nos émotions et nos sensations corporelles avec un esprit clair et vigilant et en ayant conscience qu'ils vont venir, rester un moment et repartir. Aucun sentiment n'est éternel, sauf si vous avez décidé de vous y accrocher. Et si vous vous y accrochez, c'est parce que vous le renforcez avec des pensées au lieu de vous servir de vos pensées pour le désamorcer. Lorsque nous sommes en mode scénario-catastrophe, nous zappons d'une pensée dramatique à une autre, ce qui renforce le sentiment ou l'émotion. Un sentiment observé sans jugement et avec une attention vigilante a le droit d'exister, mais aussi de disparaître. En sachant qu'aucun sentiment ne dure toujours, il est possible de l'accueillir dans l'amour et la compassion, puis de le laisser repartir. Car ce qui est toujours là, c'est la conscience capable de l'observer. Cette paix intérieure est constamment présente en nous dès l'instant où nous reconnaissons que rien n'est éternel.

## Exercice de la part spirituelle

**Dissipez vos peurs en six étapes**

Les six étapes suivantes vont vous aider à démasquer, guérir et dissiper vos peurs.

### ÉTAPE 1 : PRISE DE CONSCIENCE
**Identifiez vos peurs !**

La première étape pour guérir ses propres peurs et mettre fin à son auto-sabotage intérieur est de prendre conscience qu'elles existent. Tous les drames, toute la souffrance que vous éprouvez actuellement ne sont que les symptômes de la peur ou de la douleur non guérie. Ils ne sont ni l'origine ni la source de vos schémas comportementaux destructeurs. Votre âme, elle, aspire à la guérison, et votre ressenti vous ramène constamment à cette douleur jusqu'à ce que vous finissiez par la reconnaître et trouviez le courage de la regarder en face.

### Apprenez de votre corps

Au cours des prochains jours, observez consciemment comment vous réagissez aux situations dans lesquelles vous vous sentez attaqué ou blessé. Observez-vous simplement à vol d'oiseau, sans vous en vouloir de cette réaction et sans modifier votre comportement. Prenez peu à peu conscience des moments où vous agissez par peur ou sous l'influence d'une souffrance non guérie. Devenez aussi attentif que possible et notez les moments où vos sensations corporelles changent. Le meilleur indicateur est la respiration qui se modifie dès que nous avons peur. En général, elle devient très superficielle et il nous arrive même de retenir notre souffle quelques instants sans le remarquer. Le tonus musculaire change également. Alors, dans la semaine qui vient, soyez le plus attentif possible à chaque modification de vos sensations corporelles et apprenez à lire votre corps.

## ÉTAPE 2 : INTROSPECTION
## Allez à l'origine de vos peurs !

La peur d'être abandonnée était enfouie si profondément en moi que j'ai ignoré son existence pendant vingt ans.

Jusqu'à mon expérience de la Vipassana, je me croyais largement libérée de mes peurs ou, du moins, je pensais que je m'étais débarrassée de toutes mes croyances sclérosantes. À ma grande surprise, je n'ai pu que constater que les individus qui se croient libérés de leurs peurs sont ceux qui en ont probablement le plus. La peur voulait me protéger de nouvelles blessures et ma conscience la jugeait si indispensable à ma survie qu'elle agissait à mon insu. Mon système de survie intérieur n'avait aucun intérêt à ce que j'identifie et lâche ma peur puisque je risquais d'être à nouveau blessée. L'inconscient est drôlement intelligent lorsqu'il s'agit d'assurer sa survie. Il est d'autant plus important de démasquer et de dissoudre ses modes d'action qu'ils risquent de nous empêcher toute notre vie, à notre insu, d'accéder au bonheur. Rétrospectivement, je me suis rendu compte à quel point ma peur avait saboté mes relations et m'avait retenue, tel un élastique invisible. Je ne m'étais jamais abandonnée totalement et j'étais presque toujours restée à distance. Plus j'aimais mon ami, plus mon comportement s'aggravait. Naturellement, à l'époque, je trouvais systématiquement des raisons à l'échec de mes relations amoureuses – soit ce n'était pas le bon partenaire, soit ce n'était tout simplement pas le bon moment. Ma peur était ma tâche aveugle, je ne voyais pas qu'elle me sabotait. Je cherchais toujours la faute à l'extérieur au lieu de la chercher en moi. Ce n'est qu'après avoir guéri ma peur et constaté que ma relation à l'autre devenait soudain plus détendue et plus aimante que j'ai réalisé que j'avais moi-même provoqué, sans le vouloir, des séparations et des conflits.

### Trouvez la véritable cause de votre peur

Trouvez les pensées qui nourrissent vos peurs et soyez honnête à leur égard. Peut-être souffrez-vous, comme j'en souffrais moi-même, de la peur d'être abandonné. Peut-être avez-vous peur de ne pas être à la hauteur. Peut-être croyez-vous que vous ne serez aimé que si vous êtes parfait. Admettez que cette pensée est à la racine de votre souffrance.

### Demandez-vous :

- Quelle est ma plus grande peur et qu'est-ce qui me fait dire qu'elle est fondée ?
- De quoi cette peur veut-elle me protéger ?
- De quelle manière ma peur m'empêche-t-elle d'être vraiment heureux et épanoui ?

## ÉTAPE 3 : DÉCONSTRUCTION
## Tolérez votre souffrance !

Le Bouddha expliquait que notre esprit transforme les informations en réactions à quatre niveaux :

- Le premier niveau est la pure conscience. La conscience (***vinnana***) a pour tâche d'accueillir les informations sans les juger. Par exemple, nous entendons un son ou voyons une couleur. La conscience veille à ce que nous puissions recevoir ces informations *via* nos cinq sens.
- Le deuxième niveau est la perception (***sanna***). À présent, l'information reçue est comparée à des informations déjà

stockées en nous et évaluée. « Tiens, un son qui me plaît ! » ou « Ah, voilà une couleur que je n'aime pas ! »

- Le troisième niveau est la sensation (***vedana***). Au moment où une information accède à notre esprit (conscience), le corps éprouve une sensation. À travers la perception et l'évaluation de l'information, cette sensation (neutre jusque-là) va être jugée agréable ou désagréable. Par exemple, nous nous sentons bien lorsque nous recevons des compliments (un son atteint notre oreille, nous reconnaissons la langue et les mots, nous les jugeons positifs et nous éprouvons une sensation corporelle agréable). Les sensations naissent dans le corps, mais sont éprouvées par l'esprit.
- La sensation éprouvée nous fait accéder au quatrième niveau : la réaction mentale (***sankhara***). Selon que nous trouvons la sensation agréable ou désagréable, nous réagissons mentalement avec aversion ou avec sympathie.

En percevant consciemment ces quatre niveaux, vous ne réagissez plus aveuglément à chaque sensation, mais parvenez à observer les sensations qui vont et viennent avec un esprit pondéré et vigilant.

### Percevez ce qui est avec attention et bienveillance

- Ayez le courage de sentir et de percevoir consciemment votre peur.
- Acceptez vos sensations, même si elles ne sont pas agréables et si vous avez peur de les éprouver.
- Demandez-vous : où, dans mon corps, puis-je sentir la peur ? À quel endroit est-ce que je la retiens ?

- Essayez d'observer le plus précisément possible comment la peur s'exprime dans votre corps. Par exemple, siège-t-elle plutôt dans votre ventre, dans votre gorge, dans votre poitrine ou dans votre tête ?
- Percevez simplement, en toute conscience, l'endroit où vous pouvez sentir la peur dans votre corps. Ne jugez pas vos sensations, contentez-vous de les percevoir. Éprouvez de la compassion à l'égard de votre peur qui, pendant des années, a essayé de vous protéger des blessures et de la souffrance. Comme toute émotion, la peur est de l'énergie qui circule dans votre corps (de l'énergie en mouvement).

### ÉTAPE 4 : REMERCIER
### Remerciez pour le miracle de la guérison qui peut désormais se produire !

Le deuxième jour de méditation, la peur était si forte que je pouvais à peine y voir clair en moi. Les scénarios les plus dramatiques se déroulaient dans ma tête. À chaque nouvelle pensée enracinée dans la peur, je sentais ma gorge se contracter toujours plus et m'empêcher de respirer. Intuitivement, j'ai prié pour qu'il se passe un miracle parce que j'ai senti que je ne pourrais pas vaincre cette peur toute seule.

J'ai remercié l'univers de m'aider à guérir ma peur et je me suis ouverte à la perspective de voir arriver une énergie neuve dans ma vie. Ressentir activement de la gratitude envers l'événement à venir signifie le manifester déjà dans le présent. À chaque fois que j'ai le sentiment de ne plus pouvoir avancer, je pratique activement la gratitude, transformant ainsi l'énergie qui circule en moi et autour de moi.

### Conviez-vous au miracle de la guérison

Vous n'êtes pas seul pour tolérer ce sentiment au fond de vous et le guérir. Il y a une force bienveillante dans l'univers qui vous soutient pour vous aider à guérir. Éprouvez une profonde reconnaissance dans votre cœur envers cette force qui se tient à vos côtés et va guérir vos pensées de peur paralysantes. Imaginez votre vie en train de se transformer une fois vos peurs dissoutes. Comment vous comporteriez-vous ? Quelles décisions prendriez-vous ? Qu'est-ce qui changerait dans vos relations ? Laissez les images, aussi colorées et claires que possible, surgir devant vos yeux et créez ainsi l'espace nécessaire à une nouvelle réalité.

Lorsque votre inconscient reconnaît qu'il n'a plus besoin de conserver ce mécanisme de défense que constitue la peur, il peut remplacer plus facilement les vieilles pensées par de nouvelles convictions intérieures puissantes.

## ÉTAPE 5 : GUÉRISON
## Guérissez votre souffrance !

À partir du moment où j'ai abandonné mon attitude défensive à l'égard de ma peur et mis en lumière mes ombres, la guérison a pu se produire.

J'ai réalisé que je ne pouvais créer une nouvelle réalité que si je lâchais les pensées de peur responsables de ma souffrance actuelle. Lors de ma méditation, je suis remontée au jour où, par douleur de se retrouver seule et abandonnée, la petite fille de 11 ans que j'étais s'était forgé l'idée de ne plus faire confiance et de chercher refuge dans une peur supposée protectrice. Fondée sur la peur d'éprouver à nouveau le sentiment douloureux de l'abandon, l'idée de ne plus pouvoir faire totalement confiance s'était alors implantée dans mon inconscient. À partir de ce moment-là, elle a agi en moi sans que je puisse la contrôler. Au cours des vingt années qui ont suivi, cette pensée ne m'a plus lâchée, tel un programme de protection inconscient, m'empêchant effectivement de faire confiance. Notre inconscient pilote 95 % de notre comportement, ce qui ne laisse que 5 % aux processus conscients. Une conviction solidement ancrée dans notre inconscient influence donc massivement notre comportement, à notre insu et sans remise en question.

Il y a quelque temps, je suis tombée sur un livre intitulé *7 heilende Worte* (littéralement *Les 7 mots qui guérissent*). L'auteure y évoque sept mots qui l'aident systématiquement à passer de la peur à l'amour. Traduits en français, ces mots donnent : « Guéris mes pensées enracinées dans la peur. » Pendant ma méditation, je me suis rappelé ces mots, les répétant dans ma tête. J'ai respiré en toute conscience dans les zones de mon corps où se logeait ma peur. C'est alors que j'ai senti que tout mon corps se détendait peu à peu et que ma respiration redevenait fluide. Progressivement, j'ai remplacé les pensées enracinées dans la peur par une confiance profonde en moi et en l'univers.

## Guérissez la peur là où elle est apparue

Trouvez un endroit calme où vous ne serez pas dérangé pendant une demi-heure et asseyez-vous confortablement. Fermez les yeux et observez votre respiration pendant quelques minutes. Puis imaginez que vous remontez le temps et revenez à la première fois où vous avez eu une pensée fondée sur la peur. Regardez-vous, enfant, dans cette situation et observez tout ce qui se passe avec le regard d'un spectateur. Percevez comment vous vous êtes senti à ce moment-là et quelles ont été vos plus grandes peurs. Approchez-vous de votre enfant intérieur et prenez-lui le bras avec bienveillance. Retenez-le comme vous le pouvez et offrez-lui un sentiment de sécurité. Imaginez une magnifique sphère de lumière dorée apparaître autour de vous et vous protéger. Posez votre main sur le cœur de votre enfant intérieur et laissez cette lumière de guérison, de la couleur de l'or blanc, traverser votre main et pénétrer dans son cœur. Visualisez cette lumière splendide circuler dans tout le corps de votre enfant intérieur et y guérir la souffrance stockée au niveau cellulaire. Demandez à votre enfant intérieur ce dont il aurait eu besoin à l'époque pour développer des pensées bénéfiques et fortifiantes, et pour se sentir toujours protégé et en sécurité. Offrez-lui cette sécurité et cette protection jusqu'à ce que vous sentiez qu'il se détend et que la peur cède devant l'amour. Racontez-lui toutes les choses magnifiques qu'il va rencontrer sur son chemin et dont il va faire l'expérience. Dites-lui combien vous êtes heureux aujourd'hui et qu'il n'a plus besoin d'avoir peur. Qu'il est guéri et qu'il va parcourir le monde rempli d'amour. Dès que vous sentez que sa souffrance s'apaise et qu'il est capable de se rouvrir au monde avec une confiance totale, dites-lui au revoir dans une étreinte bienveillante. Vous pouvez retrouver votre enfant intérieur à tout moment et le guérir pas à pas. Maintenant, revenez au présent et sentez dans votre corps ce qui a changé. Remerciez-vous pour cette guérison.

## ÉTAPE 6 : RESPIRATION
## Revenez à l'ici et maintenant

Lorsque nous réorientons notre attention sur l'instant présent, le corps et l'esprit se dénouent. C'est dans le présent que nous avons l'occasion de nous transformer et de guérir. Que nous avons la possibilité de choisir l'amour et non la peur. Notre respiration est le cadeau de notre corps qui est toujours là pour nous aider à diriger notre attention et à nous poser consciemment, avec nos cinq sens, dans l'ici et maintenant.

### Soyez reconnaissant envers vous-même et respirez profondément

- Inspirez et expirez profondément pendant dix cycles respiratoires. Reliez-vous à l'énergie vitale qui circule dans votre corps à travers votre souffle et vous régénère.
- Reconnaissez le courage que vous avez eu de mettre en lumière vos plus grandes peurs et admettez que maintenant la guérison puisse avoir lieu.
- Répétez le mantra « Sat nam », la vérité est mon nom.

## Mes remarques et mes conclusions :

..................................................................................

..................................................................................

..................................................................................

..................................................................................

..................................................................................

..................................................................................

..................................................................................

..................................................................................

..................................................................................

..................................................................................

..................................................................................

..................................................................................

..................................................................................

..................................................................................

..................................................................................

..................................................................................

Nous ne voyons jamais le monde tel qu'il est…

Toutes les créatures sont certes séparées en apparence, mais unes en réalité ; tous les êtres sont issus de la divinité et réunis dans la divinité. Celui qui comprend vraiment cela devient la divinité et obtient alors la délivrance.

La Bhagavad-Gita

# Conviez l'amour dans votre vie

Il est écrit dans la Bhagavad-Gita : « La peur naît de la dualité. » Imaginer ne plus être reliés les uns aux autres nous fait éprouver une profonde douleur de la séparation et la peur de la solitude ou de l'abandon. En fait, c'est l'ego qui entretient cette illusion de la division pour justifier sa propre existence. Dès l'instant où nous nous apercevrions que nous sommes tous constitués de la même énergie et inséparables les uns des autres, l'ego se dissoudrait sur-le-champ. En vérité, nous n'avons jamais été séparés les uns des autres. C'est notre perception limitée du monde à travers notre corps (auquel nous nous identifions) qui renforce notre sentiment de séparation.

C'est en nous rappelant l'énergie divine qui nous traverse et relie tout dans son intelligence infinie que nous pouvons accéder à la connaissance de notre véritable conscience. Cette forme pure de la conscience est l'amour. L'amour est l'énergie spirituelle qui a créé tout ce qui existe aujourd'hui et existera demain. L'amour, comme l'énergie, ne peut jamais se perdre. Il existe dans tout et relie tout dans l'intention de se recréer lui-même indéfiniment. Tout ce qui est existe dans l'amour. Par amour, nous pouvons haïr comme réaliser quasiment l'impossible, éprouver de la jalousie comme de la passion, et avoir peur justement parce que nous aimons. L'amour incarne toutes les formes de sentiments et il est l'énergie qui, encore et toujours, inlassablement, nous fait espérer que tout se termine bien. L'amour nous permet de vivre notre créativité avec ardeur, et nous encourage à réaliser nos objectifs et nos projets. Lorsque nous avons peur, ce n'est pas le signe que l'amour est parti ou nous a abandonnés. Il est toujours là quel que soit notre sentiment, que nous soyons dans la crainte ou le désespoir. L'amour est en nous et autour de nous à chaque instant. Il est la force grâce à laquelle nous pouvons guérir notre souffrance et adopter un autre point de vue sur nous-mêmes et sur la vie. Il signifie le retour à la vérité originelle et à notre essence. Nous sentons intuitivement quand nous allons à l'encontre de cette vérité. Nous savons quand nous agissons sous l'influence de l'ego et créons encore plus de séparation. Mais nous savons aussi quand nous sommes en accord avec cette vérité. À chaque fois que nous sommes en harmonie avec nous-mêmes et le monde, nous sommes sur la fréquence de l'amour et à l'unisson avec tout ce qui est. Cet amour est à notre disposition, sans limite et à tout moment. Il n'y a pas un seul instant où il n'est pas là. Nous pouvons nous élever à sa fréquence dès l'instant où nous le décidons consciemment. La matière suit toujours l'esprit. Dès que nous faisons le choix de l'amour et d'observer les choses avec bienveillance, nous nous retrouvons dans le flux harmonieux de l'univers. En étant prêts intérieurement à retrouver cette harmonie avec nous-mêmes et avec le monde, nous ouvrons la voie à la guérison.

La méditation suivante va vous aider à laisser partir votre peur avec bienveillance et à inviter la puissance de l'amour à faire route avec vous.

## Exercice de la part spirituelle

### Comment transformer votre peur en amour

Le seul moyen d'accéder à une véritable paix intérieure est d'être prêts à nous mettre à nu devant nous-mêmes et à regarder en face notre part d'ombre. La peur, comme l'amour, font partie de nous. Ils sont les deux visages de la condition humaine. Si nous rejetons un côté de nous-mêmes, nous ne pourrons jamais vivre pleinement l'autre côté. Il est parfaitement normal d'avoir peur et d'éprouver des émotions négatives. Le tout est de ne pas nous laisser manipuler par notre peur ou nos émotions négatives et, à un moment donné, de reconnaître que la peur a rempli sa mission et que nous pouvons la laisser partir en conscience.

### ÉTAPE 1 :
### Reconnaissez votre peur

Notez au moins trois événements de votre vie où votre peur vous a protégé. Reconnaissez qu'elle veille sur vous, courageusement, depuis votre naissance.

### ÉTAPE 2 :
### Retirez-lui son pouvoir

Rappelez-vous au moins trois événements de votre vie où votre peur vous a empêché d'agir. Prenez conscience des opportunités que vous avez peut-être ratées à cause d'elle. Faites-lui prendre conscience du cadre étroit dans lequel elle vous a maintenu. Faites-lui clairement comprendre que vous n'acceptez plus de tourner au ralenti dans votre existence et que vous aspirez à vivre à fond.

### ÉTAPE 3 :
### Faites de nouveaux choix

Décidez de ne plus laisser la peur influencer votre comportement et vos décisions, sauf si elle vous évite de faire vraiment un mauvais choix. Imaginez les décisions que vous prendriez à partir de maintenant si vous agissiez en vous laissant guider par l'amour et un sentiment d'abondance. Quelles opportunités et possibilités vous attendraient si vous choisissiez désormais l'amour comme conseiller intérieur ?

## Méditation

**Invitez l'amour !**

Trouvez un endroit calme où vous ne serez pas dérangé durant la prochaine demi-heure et asseyez-vous confortablement. Posez vos mains sur vos cuisses et fermez les yeux.

Dirigez votre attention sur l'extrémité de votre nez et observez l'air entrer dans votre corps, puis en sortir, de façon régulière. Peut-être pouvez-vous sentir que l'air est un peu plus chaud à l'expiration qu'à l'inspiration. Observez votre respiration sans la contrôler.

Si des pensées surgissent, accueillez-les, puis réorientez doucement votre attention vers votre souffle.

À présent, rappelez-vous un endroit où vous vous sentez en sécurité. Il peut s'agir d'un lieu réel ou imaginaire. Comment êtes-vous ? Observez-vous au calme dans ce lieu. Percevez un maximum de détails. Où êtes-vous exactement ? Que voyez-vous ? Quelle est la température ? Comment est la lumière ? Sentez comme vous êtes en sécurité et protégé dans cet endroit.

Puis imaginez que quelque chose, au loin, vient lentement vers vous. Plus cette chose se rapproche, mieux vous l'identifiez : c'est votre peur. Elle reste debout, là, devant vous, et vous dévisage. Vous vous regardez, telles de vieilles connaissances. À quoi ressemble votre peur ? A-t-elle la forme d'un être humain ? D'un animal ? D'une créature imaginaire ? De quelle couleur est-elle ? Comment se déplace-t-elle ? Est-elle grande ou petite ? Vous l'observez avec précision. Peut-être ne vous êtes-vous encore jamais demandé à quoi ressemblait votre peur, et c'est avec curiosité que vous la regardez.

Demandez-lui : « De quoi essaies-tu de me protéger ? De quoi as-tu tellement peur ? »

Après avoir reçu sa réponse, demandez-lui ce dont elle a besoin pour pouvoir faire de nouveau confiance. Dites-lui que vous la remerciez pour toute son aide au cours de ces dernières années et pour avoir voulu vous épargner de nouvelles souffrances. Expliquez-lui que vous êtes prêt à vous rouvrir à l'amour et qu'à partir de maintenant vous refaites totalement confiance. Dites-lui que vous l'appellerez en cas de besoin, mais que vous ne vous laisserez plus mener par elle. Avec bienveillance, prenez votre peur dans vos bras et dites-lui au revoir. Elle a rempli sa mission. Devant vous, une magnifique lumière d'or blanc apparaît au loin et vous laissez votre peur se diriger vers elle. Vous la regardez s'éloigner lentement et se dissoudre dans cette lumière. Inspirez et expirez à fond. Sentez vos muscles se détendre et comme vous avez libéré de la place en vous pour accueillir une nouvelle énergie.

Une nouvelle silhouette émerge à présent de cette lumière d'or blanc. Elle s'approche de vous en dansant et vous sourit, pleine de joie. Lorsqu'elle arrive devant vous, vous la reconnaissez : c'est l'amour. L'amour vous prend par la main et vous sentez son énergie de guérison, sa chaleur, pénétrer et circuler dans votre corps. Chaque cellule se laisse inonder par ce flot de lumière et tout votre corps se remplit d'amour. Vous sentez cette harmonie en vous et comme tout votre être a rêvé d'éprouver cela. Vous vous sentez en accord avec votre essence véritable. L'amour est désormais votre nouveau compagnon. Comme la peur, il va vous protéger, mais aussi vous relier profondément à vous-même et au monde. À partir de maintenant, il sera toujours à vos côtés et fera rayonner sa lumière sur vous.

Redirigez lentement votre attention dans votre corps et savourez ce sentiment de communion avec l'énergie puissante de l'amour. Observez votre souffle entrer et sortir de façon régulière. Lorsque vous êtes prêt, revenez au présent en toute conscience et rouvrez les yeux. Dorénavant, n'oubliez jamais que l'amour vous accompagne et vous protège.

### MANTRA : « JE SUIS ENTOURÉ D'AMOUR. »

Aujourd'hui focalisez votre attention sur l'amour qui vous entoure. En toute conscience et avec gratitude, profitez des petits et grands miracles que la vie vous réserve.

## Mes remarques et mes conclusions :

.......................................................................................................

.......................................................................................................

.......................................................................................................

.......................................................................................................

.......................................................................................................

.......................................................................................................

.......................................................................................................

.......................................................................................................

.......................................................................................................

.......................................................................................................

.......................................................................................................

.......................................................................................................

.......................................................................................................

.......................................................................................................

.......................................................................................................

.......................................................................................................

Les faibles ne peuvent
jamais pardonner.
Le pardon est
l'attribut des forts.

Le Mahatma Gandhi

# Sortez de votre rôle de victime et reprenez le pouvoir !

Nous souffrons pour deux raisons. Soit parce que quelque chose n'est pas tel que nous l'aurions souhaité, soit parce que quelque chose est justement tel que nous l'avons souhaité mais que nous avons peur de le perdre. Avant toute chose, nous souffrons de croire que notre passé aurait dû être différent de ce qu'il a été. La plupart des gens sont aujourd'hui malheureux parce qu'ils ne sont pas satisfaits de leur passé. Et au lieu de laisser le passé tranquille, ils le ramènent chaque jour dans le présent. La condition pour se sentir épanoui dans l'ici et maintenant est d'accepter ce qui a été. Si nous acceptons notre passé et pardonnons aux gens qui nous ont blessés, nous nous donnons la possibilité de vivre un présent accompli.

*« Le pardon ne change pas le passé.*
*Mais il enrichit l'avenir. »*

Il y a quelques années, je suis tombée sur la phrase suivante : « Pardonner signifie renoncer à tout espoir d'un passé meilleur. » J'ai dû réfléchir un moment à cette phrase, parce qu'elle me semblait très dure, mais au bout de quelques minutes, j'ai compris à quel point elle était vraie. Rester dans les reproches et les accusations, c'est comme répéter sans cesse que les choses auraient dû être autrement ! Nous ne sommes pas prêts à accepter d'avoir été blessés, abandonnés, voire abusés émotionnellement ou physiquement. Nous gardons en partie cette illusion que tant que nous sommes dans la colère, la déception ou les reproches, le passé va peut-être prendre un autre visage. Malheureusement non. Le passé est derrière nous. Mais ce que vous pouvez changer, en revanche, c'est votre attitude intérieure à l'égard de votre passé. Vous pouvez choisir, ici et maintenant, l'opinion et le ressenti que vous voulez avoir sur vous-même et sur votre passé. Vous pouvez continuer à vous voir victime des circonstances extérieures ou, au contraire, franchir aujourd'hui le pas peut-être le plus important de votre vie : accepter tout ce que vous avez vécu jusque-là et renoncer à espérer un passé meilleur. Car la phrase devrait être complétée ainsi : « Pardonner signifie renoncer à tout espoir d'un passé meilleur et s'offrir en échange un avenir épanoui. »

## Accepter et lâcher

*« La façon la plus courante dont les gens renoncent à leur pouvoir est de penser qu'ils n'en ont aucun. »*

■ Alice Walker

À chaque expérience négative, à chaque blessure, à chaque échec, à chaque refus, à chaque abandon et à chaque déception nous avons commencé à nous retirer de la vie. Nous ne nous sommes plus réveillés aussi joyeux qu'auparavant, nous nous sommes demandé si quelque chose ne tournait pas rond en nous et nous nous sommes retirés lentement en nous-mêmes. Nous avons cessé de rayonner et d'avoir de grands rêves, avons accepté des compromis et commencé à accumuler les reproches et à trouver des raisons nous laissant dire que, de toute façon, tout est trop tard maintenant. C'est comme si, soudain, la vie nous semblait trop lourde à porter. Rien d'étonnant au vu des bagages que nous nous coltinons au cours de notre existence! Des bagages en forme de reproches, d'accusations, de fierté blessée, de désirs inaccomplis et de rêves envolés. Au fil des années, nous rangeons toutes ces expériences négatives dans un coffre énorme que nous trimballons avec nous, comme s'il n'y avait rien de plus normal. Nous ne ratons pas une occasion de l'ouvrir pour montrer à tout le monde combien de souffrances nous avons déjà dû endurer et expliquer pourquoi, aujourd'hui, nous ne croquons plus la vie à pleines dents. Et bien qu'il ne soit pas franchement agréable de traîner toute sa vie derrière soi un coffre rempli de sentiments négatifs, la plupart des gens ne sont pas prêts à le déposer définitivement au sol.

J'ai bien bourré mon coffre de reproches après la séparation de mes parents. J'étais déçue et furieuse contre la vie, contre mes parents, contre mon école, contre mes frères et sœurs, bref contre absolument tout et tout le monde (à commencer par moi-même qui n'arrivais pas à être heureuse). À travers les reproches, j'abandonnais à l'extérieur l'énergie, la force et le pouvoir qui étaient les miens et grâce auxquels je pouvais me construire une vie heureuse et épanouie. J'envoyais toute mon énergie créatrice dans le passé et, en retour, je me retrouvais avec encore davantage de sentiments négatifs dans le présent. J'étais convaincue que la vie m'était redevable de toute la souffrance que j'avais vécue et, du coup, je ne voyais pas tous les cadeaux qu'elle m'avait déjà faits.

Combien de personnes ruinent la totalité de leur présent et de leur futur à cause d'une expérience douloureuse parce qu'ils sont restés accrochés émotionnellement à cette douleur ? En refusant de lâcher nos reproches et nos accusations, nous laissons un événement datant de cinq, dix ou même vingt ans continuer à déterminer notre présent. À cause d'un moment où nous avons été quittés, blessés, insultés ou trahis, nous abandonnons tout notre bonheur et notre avenir et revivons indéfiniment cet instant tragique. Nous nous fermons à la vie et à toute sa magie parce que nous n'avons pas reçu ce que nous attendions. Pourtant, rien sur terre, y compris un moment particulièrement traumatisant, ne mérite que nous lui sacrifiions notre énergie et notre amour de la vie. Nous ne souffrons pas à cause de l'événement douloureux désormais passé. Nous souffrons à cause du souvenir de cet événement que nous répétons constamment au présent dans notre tête, et des sentiments que nous avons associés à cet événement. Souffrir toute sa vie pour un instant de douleur, aussi intense et durable fût-il, dans l'espoir de réparer cette injustice, est un prix tout simplement trop élevé à payer. La seule chose que nous récoltons, en réalité, est une souffrance encore plus grande et l'incapacité à nous ouvrir aux belles surprises que la vie nous réserve encore.

## Acceptez vos expériences

Si vous souhaitez avoir une vie heureuse et épanouie, le pas le plus important à franchir est d'arrêter de jouer les victimes et, à cause d'un événement qui remonte à des années, voire des décennies, de retenir toute votre énergie dans le passé en punissant les autres (et vous-même) de ce que vous avez subi. Ce moment est derrière vous et vous y avez survécu. La seule personne que vous blessez avec votre refus de pardonner, c'est vous-même. C'est votre ego qui s'accroche à cette blessure, alors que votre part spirituelle aurait choisi le pardon depuis longtemps. Peut-être vous est-il arrivé dans votre vie beaucoup de situations qui vous ont blessé et où vous vous êtes senti seul et abandonné. Peut-être avez-vous perdu quelqu'un que vous avez beaucoup aimé. Nous avons tous notre histoire, mais aussi la capacité de la réécrire à l'instant où nous le décidons. Peu importe que vous ayez vécu des choses graves ou douloureuses. Votre avenir n'est pas le prolongement automatique de votre passé. Vous pouvez maintenant faire d'autres choix et reconnaître dans votre blessure la possibilité de guérison. La première étape est d'accepter ce qui a été. Car tant que vous êtes dans la résistance, vous ne lâchez pas. Ce refus de lâcher vos reproches et vos accusations vous affaiblit et vous empêche de faire de la place pour autre chose, de laisser émerger du neuf. Seul celui qui laisse tomber le passé a ses deux mains libres.

### En restant accroché au passé...

- Nous laissons la responsabilité de notre propre bonheur à quelqu'un d'autre et perdons ainsi toute possibilité d'influer sur notre état psychique, émotionnel et affectif.
- Nous devenons le jouet des circonstances et nous nous retirons ainsi tout le pouvoir d'être les créateurs de notre vie.
- Nous ne sommes pas libres et ne pouvons pas nous ouvrir à la nouveauté.

## Lâcher le passé et repartir de zéro : il n'est jamais trop tard pour une enfance heureuse

Aujourd'hui, je ne peux pas m'empêcher de rire de moi-même en pensant que j'étais parfaitement convaincue que la vie me devait quelque chose. La vie ne nous est absolument pas redevable de quoi que ce soit ! Si nous devons, nous, quelque chose à la vie, c'est bien de tirer le meilleur de ce passage sur terre qui nous est offert. Le plus grand cadeau que vous puissiez vous faire est de pardonner, de lâcher prise, de déposer définitivement votre coffre et de regarder en avant.

Nous avons besoin de toutes les expériences, y compris des plus douloureuses, pour notre propre croissance et pouvoir choisir à chaque instant qui nous voulons être. Si nous observons la situation du point de vue de notre cœur, la solution est toujours simple. Notre cœur n'a aucun problème d'ego, il n'a que faire de la vengeance et il n'accuse personne. Bien au contraire, il n'aspire qu'à instaurer l'harmonie et aller vers l'autre. Se poser la question : « Que ferait l'amour dans cette situation ? » est un remède à tout type de conflit.

Thich Nhat Hanh, un moine bouddhiste vietnamien, soutient que nous devons faire l'expérience de la souffrance pour être en mesure de développer et d'éprouver la compassion. Il faut savoir ce que cela fait d'être abandonné et seul pour identifier cette souffrance chez l'autre et lui pardonner. La compassion est un mélange d'amour et de sagesse. Dès l'instant où j'ai réalisé à quel point je m'étais blessée et affaiblie avec mes reproches tacites et mes accusations, et que j'avais fait subir la même chose à mon entourage, tout a changé dans ma vie. J'ai compris que j'avais moi-même verrouillé la porte me permettant d'accéder à une existence épanouie, mais imputé aux autres le fait de ne pas être heureuse.

Le pardon est la clé pour réintégrer son propre pouvoir, faire la paix et se créer la vie qu'on décide d'avoir. Pardonner ne signifie pas approuver ce qui s'est passé, mais accepter l'expérience pour pouvoir s'en délester. Tant que nous opposons une résistance aux expériences qui nous ont fait du mal et nous demandons pourquoi nous les avons vécues, toute notre énergie continue de nourrir le passé et les reproches. Accepter permet de lâcher prise. Résister signifie s'accrocher.

Il est dit dans *Un cours en miracles* : « Ton pardon est ce qui va éclairer le monde des ténèbres. Ton pardon est ce qui va te permettre de prendre conscience de la lumière dans laquelle tu vois. Grâce au pardon, il est dit que tu es la lumière du monde. À travers ton pardon, ta vérité te revient en mémoire. C'est pourquoi ta délivrance réside dans ton pardon. »

Le pardon nous permet d'être la lumière du monde et, en nous reliant à la lumière, nous pouvons nous épanouir puisque nous ne vivons plus dans l'illusion de la séparation. Notre pardon crée la paix en nous et autour de nous à laquelle nous aspirons tant.

*« Sans la compassion, tous les efforts des hommes ne permettent d'atteindre qu'une infime partie de ce qui a de l'importance. »*

■ R. Hawkins

Rares sont ceux à avoir manifesté la force du pardon de façon aussi saisissante que Nelson Mandela qui, après vingt-sept ans passés en prison, a déclaré le jour de sa libération : « Lorsque je suis sorti de ma cellule par la porte qui ouvrait sur la liberté, je savais que je devais laisser derrière moi mon amertume et ma haine, car sinon je resterais prisonnier toute ma vie. »

La plupart des gens n'ont pas besoin de quelqu'un pour les emprisonner, ils se construisent eux-mêmes leur propre prison. Lorsqu'à vingt ans j'ai compris quelle prison je m'étais construite, je me suis dit : « Je veux en sortir ! Je veux vivre. Je veux vivre heureuse. Je veux être remplie de joie, d'enthousiasme, de sentiment d'appartenance, de relations profondes, de confiance et d'amour. » J'ai réalisé que si j'étais restée si longtemps du côté de l'obscurité, c'est parce que j'avais autant d'amour et de lumière en moi de l'autre côté. À chaque instant, nous agissons tous du mieux que nous le pouvons à ce moment-là. Aujourd'hui, j'ai la relation la plus belle et la plus profonde qui soit avec mes parents et mes frères et sœurs, des ami(e)s merveilleux et l'homme le plus formidable que je puisse espérer à mes côtés. Cela aurait-il été possible si j'avais continué à me lamenter sur mon sort et à en rendre les autres responsables ? Certainement pas.

Tant que nous reprochons aux autres notre propre malheur, nous restons dans le double rôle du bourreau et de la victime. C'est en disant à nouveau « oui » à la vie, en acceptant vos expériences et en pardonnant que vous redevenez créateur de votre vie. Vous récupérez votre pouvoir.

## Tout remettre en ordre : Ho'oponopono

*« Avant que le soleil se couche, pardonne. »*

■ Proverbe hawaïen

Il existe un rituel de pardon hawaïen ancestral et très efficace qui a changé complètement ma vie et que vous pouvez utiliser pour accéder à un pardon profond. Ce rituel de pardon et de guérison s'appelle Ho'oponopono et signifie « tout remettre en ordre » ou « rétablir l'équilibre ». Il est utilisé depuis des siècles sur l'île d'Hawaï pour résoudre les conflits familiaux et sert aussi à guérir les conflits intérieurs.

Il repose sur l'idée que l'univers tend vers l'harmonie, l'ordre, l'abondance et la perfection. Dès que nous avons un conflit intérieur ou extérieur, nous déséquilibrons l'ordre de l'univers. Par la pensée du manque et les conflits qui nous séparent de l'harmonie de l'univers, nous nous fermons à l'abondance mise à notre disposition. Tant que nous nous accrochons aux reproches et aux accusations, et pensons à ce qui nous manque, nous ne pouvons pas accéder à cette abondance. Ho'oponopono vous aide à rétablir l'ordre et l'harmonie en vous et dans votre entourage. Il fonctionne de manière très simple et je l'utilise presque quotidiennement dès que je remarque que j'ai perdu cet équilibre. Ho'oponopono a ce pouvoir de nous faire sortir du conflit et de rétablir la paix intérieure et l'harmonie en l'espace de quelques minutes.

**Le rituel d'origine comprend quatre phrases :**

1. « Je suis désolé. »
2. « S'il-te-plaît pardonne-moi. »
3. « Je t'aime. »
4. « Merci. »

### 1. « Je suis désolé. »

Avec cette phrase, nous reconnaissons ce qui est laid et souffrant en nous, ainsi que notre propre responsabilité dans la situation. Nous ne nions plus. Au moment où nous prononçons cette phrase, nous ne sommes plus dans le refus de voir le problème, mais nous ouvrons à la tâche et à la croissance cachées à l'intérieur. Nous acceptons la situation comme elle est et reconnaissons que c'est nous qu'elle fait souffrir.

2. « *S'il-te-plaît pardonne-moi.* »

Avec ces mots, nous demandons pardon à l'autre et à nous-mêmes pour avoir causé dysharmonie et souffrance.

3. « *Je t'aime.* »

Je t'aime et je m'aime avec toutes nos forces et nos faiblesses. À travers ces mots, nous reconnaissons notre part spirituelle et celle de l'autre. Nous aimons le problème parce qu'il nous fait grandir et nous permet à la fois de retrouver notre vraie nature et de rétablir l'harmonie.

4. « *Merci.* »

Nous nous remercions pour la force du pardon qui nous libère et nous autorise à guérir.

Le Dr. Hew Len, maître-enseignant américain de Ho'oponopono, a perfectionné le rituel et obtenu des résultats de guérison incroyables dans le cadre de son travail au sein d'un établissement psychiatrique de Hawaï avec des criminels atteints de troubles mentaux. Il a obtenu de tels succès que l'institution a pu fermer au bout de trois ans : ses vingt-trois patients étaient tous guéris ! Il a ajouté les deux phrases suivantes :

- « Je m'en remets à Dieu. »

Ces mots se prononcent au fond de soi-même, pour soi. À l'aide de cette cinquième phrase, la situation guérie est remise à une force supérieure (Dieu ou l'univers) qui va la parfaire.

• «Je suis prêt à attester d'un miracle.»

En étant prêts à lâcher prise et à remettre la guérison entre les mains de Dieu ou de l'univers, nous nous donnons la possibilité de témoigner d'un miracle et, à partir de là, de laisser la guérison suivre son cours.

## Exercice de la part spirituelle

### Pardonner et lâcher prise

Choisissez un endroit où vous vous sentez en sécurité et où vous ne serez pas dérangé pendant un moment. Rendez-le agréable, peut-être en allumant des bougies, et trouvez une position confortable. Fermez les yeux et pensez à quelqu'un à qui vous reprochez encore des choses (il peut s'agir de vous-même). Rappelez-vous le conflit à l'origine de ces reproches et laissez la situation réapparaître devant votre regard intérieur. Observez les émotions ou les sentiments qui resurgissent en vous; observez-les le plus précisément possible. Dites-vous que vous vous contentez de les observer, mais que vous n'«êtes» pas ces émotions ou ces sentiments. Vous pouvez vous les représenter comme des visiteurs qui veulent capter votre attention pendant un moment, mais qui vont repartir après. Respirez très calmement et laissez la situation se dérouler devant vos yeux comme un film. Prenez conscience que ce conflit vous coûte une énergie et une force colossales et qu'il vous barre l'accès à l'abondance et à l'amour de l'univers. Visualisez la légèreté qui entre dans votre vie dès que vous laissez tomber ces reproches et vous autorisez la paix intérieure.

**Pratiquez Ho'oponopono et répétez les quatre phrases à voix haute :**

« Je suis désolé.
S'il-te-plaît pardonne-moi.
Je t'aime. Merci. »

Dès que vous vous sentez prêt, prononcez à voix basse, pour vous-même, les deux dernières phrases suivantes :

« Je m'en remets à Dieu.
Je suis prêt à attester d'un miracle. »

**Répétez ce rituel jusqu'à éprouver un sentiment de compréhension et d'amour pour la situation en question.**

## Méditation

### Pardon

Trouvez un endroit calme où vous ne serez pas dérangé au cours des 20 minutes qui suivent. Asseyez-vous confortablement, posez vos mains sur vos cuisses et fermez les yeux. Pendant les cinq prochaines respirations, portez votre attention sur votre souffle et observez le flux d'air léger qui effleure le bout de votre nez à chaque fois que vous inspirez et expirez. À travers votre respiration, autorisez-vous à arriver dans l'ici et maintenant et à sentir votre corps.

Lorsque vous avez dirigé votre attention sur l'instant présent, reliez-vous consciemment à l'énergie de votre cœur et sentez ses battements réguliers. Inspirez et expirez à fond dans votre cœur. Sentez sa force et imaginez une lumière d'or blanc remplie d'énergie bienveillante sortir de cet organe vital pour se répandre dans l'ensemble de votre corps, touchant et éclairant chacune de vos cellules. Laissez cette magnifique lumière du cœur inonder tout votre corps. Pensez à quelqu'un à qui vous voudriez pardonner. Imaginez cette personne surgir devant vous et vous regarder. Vous pouvez être cette personne si c'est à vous-même que vos reproches s'adressent. Il peut s'agir d'un reproche récent ou, au contraire, d'un vieux sentiment que vous trimballez depuis longtemps.

Prenez le temps de vous concentrer sur ce reproche ou sur ce sentiment et de l'éprouver au fond de vous. Où, dans votre corps, sentez-vous ce reproche et cette colère ? Respirez profondément dans cette partie de votre corps. Posez une main à cet endroit en continuant de respirer. Laissez votre raison trouver une explication neutre au comportement de la personne en question ou à votre propre comportement. Pourquoi avez-vous agi ainsi ou pourquoi cette personne a-t-elle agi ainsi ? Quelles étaient les véritables motivations ? L'explication neutre fait perdre à ce moment vécu une partie de son importance et de son intensité. Imaginez maintenant une lumière claire sortant du centre de votre cœur. Cette lumière représente l'amour et le pardon. Inspirez et, à chaque expiration, visualisez la lumière se propager dans tout votre corps et vous réchauffer. Puis laissez apparaître devant votre regard intérieur la personne à laquelle vous souhaitez pardonner. Observez-la se tenir là, debout, devant vous et vous regarder. Pendant que vous vous regardez mutuellement, dites-lui : « Je te pardonne, je te pardonne, je te pardonne. » Vous pouvez alors relâcher votre effort et abandonner tous vos reproches. Prenez congé de cette personne et laissez-la repartir. Restez encore un moment relié à cette lumière et laissez-la vous guérir. Puis réorientez lentement votre attention sur votre respiration. Inspirez et expirez à fond. Et, enfin, rouvrez les yeux.

## Saisissez votre bonheur !

- Pardonner signifie renoncer à tout espoir d'un passé meilleur.
- En pardonnant, vous n'êtes plus victime de votre passé, mais créateur de votre vie.
- Pardonner ne veut pas dire approuver ce qui s'est passé, mais lâcher ce qui ne peut plus être changé.
- Tant que vous restez accroché à vos reproches, c'est comme si vous buviez du poison dans l'espoir que ce soit l'autre qui meurt.

**MANTRA :**
**« JE PARDONNE ET JE LÂCHE PRISE. »**

Répétez ce mantra à chaque fois que vous sentez que vous vous condamnez et condamnez les autres.

Sortez de votre rôle de victime et reprenez le pouvoir !

## Mes remarques et mes conclusions :

................................................................................

................................................................................

................................................................................

................................................................................

................................................................................

................................................................................

................................................................................

................................................................................

................................................................................

................................................................................

................................................................................

................................................................................

................................................................................

................................................................................

................................................................................

................................................................................

.....................................................................................................

.....................................................................................................

.....................................................................................................

.....................................................................................................

.....................................................................................................

.....................................................................................................

.....................................................................................................

.....................................................................................................

.....................................................................................................

.....................................................................................................

.....................................................................................................

.....................................................................................................

.....................................................................................................

.....................................................................................................

.....................................................................................................

.....................................................................................................

.....................................................................................................

Sortez de votre rôle de victime et reprenez le pouvoir !

..........................................................................................................

..........................................................................................................

..........................................................................................................

..........................................................................................................

..........................................................................................................

..........................................................................................................

..........................................................................................................

..........................................................................................................

..........................................................................................................

..........................................................................................................

..........................................................................................................

..........................................................................................................

..........................................................................................................

..........................................................................................................

..........................................................................................................

..........................................................................................................

..........................................................................................................

Personne ne peut
vous faire sentir
inférieur sans votre
consentement.

Eleanor Roosevelt

# Il est temps de raconter votre histoire autrement

Louisa est persuadée qu'elle ne trouvera jamais de partenaire parce qu'elle se trouve trop laide. Ses larmes coulaient en cascade sur son visage en me disant cela lors de notre séance de coaching. Je lui ai demandé comment elle en était venue à penser cela. Alors elle m'a raconté un moment de sa vie qui s'était gravé négativement au plus profond de son cœur. À l'époque, elle venait juste d'avoir quatorze ans et sortait avec son premier vrai petit ami dont elle était follement amoureuse. Pendant les vacances d'été, ils étaient ensemble à une soirée lorsqu'un autre garçon s'est avancé vers son petit ami et lui a dit : « Pourquoi es-tu avec cette fille ? Elle est si laide ! » Le pire pour elle, c'est que son petit ami n'a rien trouvé à répondre, ce qui lui a brisé le cœur. Ces paroles résonnaient encore en elle presque dix ans plus tard, comme si elles venaient d'être prononcées. Je lui ai demandé ce dont elle aurait eu besoin à l'époque pour que ces paroles ne la blessent pas autant et qu'elle puisse peut-être même sortir plus forte de cette expérience. Louisa a réfléchi un long moment avant de me répondre : «J'aurais aimé que quelqu'un me prenne sous sa protection et dise à l'autre garçon qu'il était un pauvre débile.»

Nous avons consacré le reste de la séance à transformer son expérience afin qu'elle puisse finir par l'accepter et en sortir plus forte. Je lui ai demandé de s'asseoir confortablement, de fermer les yeux et de respirer à fond. Je l'ai guidée dans une méditation en l'invitant à se rappeler ce moment et à le regarder comme si elle regardait un film. Elle percevait les couleurs, la température et les gens autour d'elle, elle observait à nouveau ce qui s'était passé avec un maximum de précision. Puis elle est allée à la rencontre de la Louisa de quatorze ans, blessée à jamais par les paroles du garçon en question. Elle l'a prise dans ses bras et elle est restée un moment comme ça, à serrer sur son cœur l'adolescente qu'elle était. Elle a pu lui demander ce dont elle avait besoin pour pouvoir avancer vers l'avenir, guérie. Son moi adolescent lui a répondu qu'il avait besoin de protection et que quelqu'un lui dise que ce que le garçon avait dit sur elle n'était pas vrai. Louisa a posé sa main sur le cœur de son moi adolescent et laissé une magnifique lumière d'or blanc se répandre à l'intérieur. Elle a dit à la jeune Louisa : «Tu es aimée, tu es protégée et tu es belle.» Nous sommes restées avec son moi adolescent jusqu'à ce qu'elle sente la détente et une légèreté nouvelle envahir tout son corps. Puis j'ai ajouté : «Tourne-toi vers le garçon et regarde-le pour lui pardonner.»

## La transformation de la perception

Cela faisait bientôt dix ans qu'elle lui avait donné le pouvoir de la juger et qu'elle accordait crédit à ses paroles. Il était grand temps de rectifier le tir. Elle a regardé le garçon et lui a expliqué qu'à partir de maintenant elle choisissait de croire qu'il n'avait pas vraiment eu conscience de ses paroles et qu'à vrai dire cela importait peu puisque, de toute façon, ce n'était pas la vérité. J'ai prononcé les quatre phrases de la technique Ho'oponopono que Louisa a répétées, debout, devant le garçon : «Je suis désolée. S'il-te-plaît pardonne-moi. Je t'aime. Merci.»

Puis elle s'est tournée une nouvelle fois vers son moi adolescent et lui a souri ; elle sentait que quelque chose s'était transformé en elle. Elle était libérée du souvenir de cet instant et l'avait réécrit pour elle. Elle a serré dans ses bras son moi adolescent et lui a promis que tout irait bien, que tant de bonnes choses l'attendaient encore. Je lui ai demandé quels aspects positifs elle avait tiré de cette expérience et elle m'a répondu : « J'ai appris à répondre de moi et réalisé que c'est moi qui donne leur importance aux choses et aux paroles. C'est mon propre jugement qui va faire qu'une expérience va être bonne ou mauvaise pour moi. Je suis prête à poser un regard neuf sur ce moment que j'ai vécu, ainsi qu'à reconnaître ma valeur et la jolie jeune femme que je suis. » C'est en transformant votre perception de ce qui s'est passé que vous vous libérez de votre souffrance. Dès l'instant où vous reconnaissez avoir vécu cette expérience pour en apprendre quelque chose (en l'occurrence pour mieux vous connaître), vous reconnaissez à travers elle l'intention bienveillante de l'univers à votre égard. Si vous voulez apprendre à vous aimer, ne rejetez pas les expériences qui vous ont marqué au fer rouge, mais apprenez à leur faire confiance en vous disant qu'elles se sont produites pour vous et non contre vous. Toute expérience, aussi douloureuse soit-elle, renferme toujours une possibilité de croissance spirituelle si nous choisissons de la reconnaître telle qu'elle est et non de l'interpréter à notre sauce.

À travers la guérison de ma propre histoire, je peux voir aujourd'hui que mon âme a choisi de vivre chacune des expériences qu'elle a vécues, de même que votre âme voulait vivre celles que vous avez eues. Je suis remplie de gratitude vis-à-vis de toutes ces expériences qui ont suscité en moi le désir de découvrir comment nous pouvons nous guérir nous-mêmes de vieilles souffrances. Cette quête m'a ouvert le monde de la spiritualité. Ce que j'ai vécu m'a appris le pardon et préparée à reconnaître le trésor caché dans chaque souffrance. Me dire que nous sommes tous embarqués dans un voyage absolument unique et que notre âme a souhaité elle-même se mettre à l'épreuve m'a donné cette force incroyablement belle de la responsabilité vis-à-vis de moi-même. C'est à chacun d'entre nous de donner sa réponse personnelle aux expériences qui lui sont données à vivre.

J'ai pu alors me rendre compte que mes parents avaient essayé de nous donner le meilleur. Tous les enfants attendent de leurs parents qu'ils ne commettent jamais la moindre erreur et sachent jouer parfaitement leur rôle. Pourtant, nos parents sont, pour la plupart, eux-mêmes des enfants blessés qui essaient de ne pas faire les mêmes erreurs que leurs propres parents. Lorsque nous sommes en contact avec notre part spirituelle, nous ne voyons plus seulement les erreurs manifestes de nos parents, mais aussi tout ce qu'ils ont fait de bien. Quelle que soit la faute que nous voulons leur imputer, ils nous ont fait le plus grand cadeau que nous puissions recevoir : notre vie.

Ma propre guérison et l'envie de trouver le trésor dans mes expériences m'ont permis de me rendre compte que ma vie devait être exactement telle qu'elle était et pas autrement. Chaque expérience que l'existence nous offre recèle un trésor pour notre croissance spirituelle auquel nous ne pouvons accéder que si nous sommes prêts à le regarder pour découvrir le cadeau caché à l'intérieur. À l'époque, la question clé que je me posais était la suivante : « Pourquoi mon âme veut-elle faire précisément cette expérience ? » Aujourd'hui je sais qu'elle tenait à expérimenter la guérison et la profonde connexion que nous pouvons établir avec nos proches lorsque nous avons traversé ensemble une tempête et comprenons que c'était pour nous faire accéder aux aspects les plus forts et les plus solides de nous-mêmes.

Si je pouvais choisir, je ne voudrais rien changer à ce que j'ai vécu, car mes expériences ont ouvert en moi un monde qui ne peut surgir que si nous sommes disposés à nous dépasser, à surmonter nos peurs et à être plus grands que notre ego. Dès lors que nous sommes capables d'accepter notre propre passé, avec tous ses moments tristes, douloureux mais aussi magnifiques, nous sommes solidement ancrés dans le présent.

## La bonté envers soi-même

Votre passé est le fondement de votre présent et de votre futur. L'état dans lequel vous vous sentez aujourd'hui résulte directement de vos pensées antérieures, de vos décisions prises et des actions qui en découlent. Toutes nos pensées et nos décisions sont imprégnées de nos expériences passées, et encore bien davantage de la valeur que nous leur avons donnée. Tant que nous refusons de considérer le passé comme notre chance unique de grandir et tenons à nous voir comme le jouet des circonstances, nous ratons l'occasion de vivre épanouis dans le présent. La bonté envers soi-même est la force de transformation la plus puissante qui soit. Si nous parvenons à considérer nos expériences avec bonté et compassion, nous ouvrons la voie à la guérison. À cet égard, Viktor Frankl est un homme qui m'a énormément inspirée. Ce psychiatre autrichien a été déporté à Auschwitz pendant la Seconde Guerre mondiale. Il a surmonté sa déportation grâce à l'idée selon laquelle nous pouvons supporter les situations les plus atroces si nous réussissons à y trouver un sens. Dans son livre *Découvrir un sens à sa vie avec la logothérapie,* il décrit ses expériences au camp de concentration et comment son désir d'écrire ce livre lui a permis de donner du sens et de ne pas baisser les bras. La source de notre force intérieure est le sens que nous donnons aux circonstances extérieures et à nos propres actions. Si nous permettons à la vie de servir la croissance de notre âme, nous parvenons à mettre à profit les expériences les plus douloureuses. Souvent, ce sont même précisément les moments qui nous ont donné le plus de fil à retordre qui nous aident à nous interroger, encore et toujours, pour savoir qui nous voulons être sur cette terre. Car aussi terrible que soit une situation, nous sommes toujours libres de choisir la manière dont nous voulons y réagir. Chaque instant de notre vie nous laisse libres de décider qui nous voulons être.

## Devenez le héros/l'héroïne de votre propre histoire

L'histoire de Louisa nous montre qu'à un moment donné nous devons décider si nous voulons continuer à essayer de justifier notre souffrance ou notre malheur actuels ou si nous sommes prêts à regarder notre histoire sous un autre angle pour la voir autrement.

Car c'est le regard que nous portons sur notre histoire et le rôle que nous nous y donnons qui rendent notre existence lourde ou légère. Nous pouvons nous voir comme des victimes, des coupables ou des héros. Chaque expérience peut donner lieu à des centaines d'interprétations différentes. Notre manière d'évaluer ce qui s'est passé dépend de notre ressenti. Il n'y a pas de bonne ou de mauvaise interprétation, mais seulement le rôle que nous avons choisi de jouer, à un moment donné, dans notre histoire. Malheureusement, nous avons tendance à raconter notre passé de telle manière qu'il nous déprécie. Par exemple, dans la vie de Louisa, il y a eu tout autant de personnes qui lui ont dit qu'elle était jolie et aimable. Mais elle n'a pas tenu cette information pour vraie parce qu'elle avait décidé, à un moment de sa vie, de croire une autre vérité et de se poser en victime au lieu de voir en elle la créatrice puissante de son existence. Elle a longtemps obéi au manque au lieu d'obéir à l'amour et de s'accepter. Tant qu'elle se percevait comme une victime, il lui était impossible de se reconnaître vraiment. Nous nous créons notre propre réalité et notre personnalité à travers les histoires que nous nous racontons indéfiniment jusqu'à ce qu'elles finissent par devenir notre conviction intérieure et que nous cessions de les remettre en question. À partir de là, nous cherchons sans cesse et inconsciemment la confirmation de cette vérité, ce qui nous amène à revivre constamment les mêmes blessures qui nous font dire : « Vous voyez, je vous l'avais bien dit ! Je suis tout simplement trop laide – ou pas à la hauteur, pas assez intelligente, etc. »

Cette conviction intérieure agit comme une colle tenace qui nous maintient dans les niveaux de conscience inférieurs de la peur, de la colère, de l'apathie ou de la honte. De plus, comme nous émettons une énergie très basse à ces niveaux, nous ne recevons que sur cette fréquence et attirons systématiquement des personnes à cette même échelle vibratoire. Naturellement, cela rend cette colle encore un peu plus forte jusqu'à nous faire oublier qu'il fut un temps où nous pensions autre chose de nous-mêmes.

*« Le plus long chemin que nous prenons dans la vie est celui qui part de notre raison et nous mène à notre cœur. Notre cœur aspire au pardon, alors que notre ego demande des comptes. »*

Votre vie n'est pas votre ennemie, mais votre amie. Pour toujours. Elle est là pour vous apprendre et vous laisser choisir à chaque instant si vous voulez vivre dans la peur et le manque ou dans l'abondance et l'amour. Même si l'ego cherche probablement des faux-fuyants au moment où vous lisez ces lignes, refusant d'abandonner son point de vue de victime, ayez confiance et dites-vous que tout ce qui s'est passé dans votre vie est arrivé pour vous. Dès l'instant où vous commencez à accepter, voire à apprécier votre passé, vous développez en vous une force et une énergie qui vous font grandir, inéluctablement. Vous allez soudain vous rendre compte de toutes vos capacités et voir que vous avez pu apprendre, surtout de vos crises, et que vous avez évolué. J'ai eu des clients maltraités physiquement et abandonnés par leurs parents. Lorsqu'ils ont commencé à considérer leur histoire sous un nouvel éclairage (une histoire dont ils étaient les héros), ils ont développé une vision d'eux-mêmes et de leur vie radicalement neuve. Ils ont pu voir, par exemple, que grâce à leurs expériences ils étaient aujourd'hui remplis d'amour et de compassion pour leurs enfants et avaient appris très tôt à prendre leur vie en main. Les personnes qui vivent aujourd'hui dans la gratitude, la joie et la compassion sont souvent celles qui ont connu le malheur, traversé des crises et subi des blessures et qui, à un moment donné, ont décidé de transformer leur plus grande souffrance en leur plus grande force pour aider d'autres personnes à travers leur propre histoire.

Ce ne sont pas les expériences qui font de nous les êtres que nous sommes aujourd'hui, mais les conclusions tirées de nos expériences qui nous renforcent ou nous affaiblissent. Nous pouvons décider à tout instant de réécrire notre histoire et il n'est jamais trop tard pour vivre une enfance heureuse. La plus grande liberté que vous puissiez vous offrir est d'assumer à 100 % la responsabilité de tout ce que vous avez vécu jusqu'ici, que ces expériences vous plaisent ou non. Chaque expérience vous a été utile et a servi l'évolution de votre âme. Si votre âme n'avait pas pu la surmonter, elle ne l'aurait pas choisie.

## C'est dans l'obscurité que nous accédons à notre lumière

Se sentir responsable à 100 % signifie pardonner et accepter ce qui a été. Cela ne veut pas dire devoir absolument trouver que tout a été bien ou bon, mais ne plus se battre contre ce qui a été et arrêter de se condamner ou de condamner les autres. La peur condamne, l'amour pardonne. Il est temps de réécrire votre vie sous l'angle bienveillant de votre part spirituelle.

Je sais que vous avez été blessé et que vous portez des blessures qui ne sont peut-être pas encore guéries. Je sais que vous avez peur de ne pas être à la hauteur. Je sais que vous redoutez d'être à nouveau déçu par la vie, d'où votre réticence à refaire à nouveau totalement confiance. Mais cette peur est l'illusion de séparation produite par votre mental. Nous sommes tous reliés par nos blessures et par nos histoires. C'est grâce à mes blessures que je peux reconnaître les vôtres. Nos blessures nous permettent de nous reconnaître et de nous guérir les uns les autres à un niveau entièrement neuf.

Se sentir responsable à 100 % signifie aussi reconnaître toutes les choses positives que vous avez rencontrées jusque-là sur votre chemin. Nous connaissons tous des personnes qui, tels des anges, sont entrées dans notre vie à un moment donné pour nous aider et nous faire grandir. C'était peut-être la maîtresse d'école, une bonne amie ou même une personne totalement étrangère, mais qui était là au bon moment. Regardez dans le rétroviseur de votre vie et trouvez les anges qui vous ont accompagné et aidé sur votre chemin jusqu'à maintenant. Qui était à vos côtés et vous a protégé ? Qui vous a aimé ? Qui a cru en vous lorsque vous, vous n'y croyiez plus? Qui vous a aidé? Si nous voulons voir le négatif, nous devons aussi accepter de voir le positif. Notre cerveau a évolué de telle sorte qu'il a tendance à se rappeler beaucoup mieux les événements négatifs que les événements positifs. D'où l'importance de faire l'effort de nous souvenir aussi des expériences positives et des anges de notre vie.

## Exercice de la part spirituelle

**Réécrivez votre histoire!**

Trouvez un endroit tranquille où vous ne serez pas dérangé pendant 20 minutes. Asseyez-vous confortablement et fermez les yeux. Remémorez-vous une situation où vous vous êtes senti trahi, abandonné ou blessé. Percevez ce qui se passe dans votre corps. Où sentez-vous l'émotion? Posez une main à cet endroit et respirez profondément dans cette partie du corps. Percevez l'émotion, ne la réprimez pas, mais ne la laissez pas non plus vous submerger. Imaginez que vous êtes un chercheur qui observe avec curiosité ce qui se passe mais sans s'impliquer personnellement. Vous n'« êtes » pas vos émotions, vous « avez » des émotions.

Revenez en arrière et observez ce qui s'est passé à l'époque. Laissez la scène se dérouler, tel un film, devant votre regard intérieur. Pouvez-vous vous voir à ce moment-là? Comment allez-vous? Que ressentez-vous? Comment vous comportez-vous? Qui est avec vous?

Lorsque vous vous êtes familiarisé avec la situation en question, approchez-vous de votre moi plus jeune et serrez-le dans vos bras. Gardez-le contre vous jusqu'à éprouver un sentiment d'allègement. Regardez-vous jusqu'au fond des yeux et sentez le lien profond qui vous unit. Demandez à votre moi plus jeune ce dont il a besoin maintenant pour guérir la situation. De quoi auriez-vous eu besoin à l'époque ? De quelqu'un qui vous protège ? De quelqu'un qui vous dise que vous êtes aimé ? Que tout ira bien ? Donnez à votre moi plus jeune ce qu'il lui aurait fallu à ce moment-là. Dites-lui combien il est aimé et que vous êtes venu pour le protéger et le guérir. Imaginez que vous posez votre main sur votre cœur et qu'une magnifique lumière de guérison, de la couleur de l'or blanc, traverse votre main pour se répandre dans votre corps. Chaque cellule du corps de votre moi plus jeune est guérie par cette lumière et reçoit l'information qu'elle est aimée et protégée. Restez dans cet état de connexion profonde avec votre moi plus jeune jusqu'à sentir que quelque chose se transforme en vous et pouvoir percevoir l'amour. Votre moi plus jeune commence peut-être à sourire et à sentir combien il est aimé. Personne d'autre que nous ne peut nous donner la certitude d'être aimé. Dites au revoir à votre moi plus jeune et regardez-vous à nouveau, là, maintenant. Quelque chose a-t-il changé ? Les couleurs ? Votre sentiment ? Si vous voulez aller encore plus loin, vous pouvez pardonner aux personnes qui vous ont blessé. Utilisez à cet effet le rituel de pardon Ho'oponopono. Dès que vous vous sentez prêt, revenez dans le présent et dans votre corps, puis inspirez et expirez à fond. Bien sûr, vous pouvez retrouver à tout moment votre moi plus jeune et lui offrir, encore et encore, tout cet amour jusqu'à sentir dans chaque cellule de votre corps et dans votre cœur que la guérison a commencé.

Prenez un papier et un crayon et écrivez la situation de telle manière qu'à partir de maintenant elle va vous servir et vous rendre plus fort. Imaginez que vous devez rédiger le scénario du film de votre vie dont vous êtes le super-héros. Tout super-héros a essuyé au moins un gros revers au cours de son existence, mais il a su renaître de ses cendres, tel le phénix.

**Les questions suivantes peuvent vous aider à écrire votre propre histoire en vous mettant dans la peau du super-héros :**

- De quelle manière pouvez-vous raconter votre histoire afin qu'elle vous rende plus fort ?
- Qu'avez-vous pu changer dans votre vie grâce à cette expérience ?
- Lorsque vous pensez à tout ce qui s'est passé depuis dans votre vie, n'étiez-vous pas finalement plus confiant que vous ne pensiez ?
- Avec le recul, pouvez-vous identifier les motivations de l'autre personne ?
- Pour qui pouvez-vous être aujourd'hui le super-héros grâce à votre histoire ?
- Qui pouvez-vous aider grâce à votre histoire ?

### Saisissez votre bonheur !

- La vie ne se déroule pas toujours comme nous le voudrions. Mais nous pouvons toujours décider de nos réactions.
- Grâce au pardon, vous vous offrez un passé (et un avenir) heureux.
- Il n'est jamais trop tard pour une enfance heureuse. Vous pouvez vous choisir une autre histoire à chaque instant.
- Imaginez-vous dans la peau du héros ou de l'héroïne de votre propre histoire. Qu'est-ce qui serait différent dans votre vie actuelle ?

**MANTRA :**
**« LA VIE EST TOUJOURS MON AMIE. »**

Répétez ce mantra à chaque fois que vous vous sentez injustement traité ou blessé. Trouvez l'opportunité d'évolution, le trésor qui se cache dans la situation présente dès l'instant où, à travers cette expérience, vous accédez à une nouvelle connaissance.

## Mes remarques et mes conclusions :

...........................................................................................................

...........................................................................................................

...........................................................................................................

...........................................................................................................

...........................................................................................................

...........................................................................................................

...........................................................................................................

...........................................................................................................

...........................................................................................................

...........................................................................................................

...........................................................................................................

...........................................................................................................

...........................................................................................................

...........................................................................................................

...........................................................................................................

...........................................................................................................

..............................................................................
..............................................................................
..............................................................................
..............................................................................
..............................................................................
..............................................................................
..............................................................................
..............................................................................
..............................................................................
..............................................................................
..............................................................................
..............................................................................
..............................................................................
..............................................................................
..............................................................................
..............................................................................
..............................................................................

# Reliez-vous à votre part spirituelle

Il n'y a que deux jours dans l'année où l'on ne peut rien faire. Ils s'appellent hier et demain. Ce qui signifie qu'aujourd'hui est le jour idéal pour aimer, croire et, surtout, vivre.

Le Dalaï-Lama

# Activez votre part spirituelle !

Il était une fois un petit ruisseau qui rêvait de devenir un grand fleuve. Lors de son voyage, il arriva un jour au bord d'un vaste désert et prit peur : s'il continuait de couler, il risquait de se tarir dans ce désert immense ! Alors il entendit une voix intérieure qui lui dit de ne pas avoir peur et l'encouragea à continuer de couler tranquillement. Après quelques hésitations, le petit ruisseau décida de poursuivre son chemin, même s'il ne se sentait pas très bien, sa peur ne le quittant pas. À mesure qu'il coulait dans le désert, la chaleur devenait de plus en plus torride. Si torride que le petit ruisseau finit par s'évaporer. Les gouttelettes issues de l'évaporation se mirent à se condenser dans l'air. Elles devinrent si nombreuses qu'elles formèrent de petits nuages qui passèrent au-dessus du désert. Les petits nuages voyagèrent plusieurs jours avant d'arriver jusqu'à l'océan, derrière le désert. Et là, ils se vidèrent en se transformant en pluie. Le petit ruisseau devint ainsi une partie de l'océan infini. Il se fondit dans quelque chose de beaucoup plus vaste et mena une vie incroyablement plus belle que ce qu'il avait pu imaginer. En se laissant porter doucement par une vague, il se dit, le cœur joyeux : «J'avais peur de suivre mon chemin, mais j'ai fait confiance à ma voix intérieure et, courageusement, je me suis métamorphosé à plusieurs reprises sans savoir ce qui m'attendait... Et pourtant, aujourd'hui je ne me suis jamais senti autant moi-même!»

Nous aussi, à l'instar du petit ruisseau, sommes sans cesse invités à nous métamorphoser, à prendre un nouveau chemin et à laisser derrière nous le passé en sachant que quelque chose de plus grand nous attend de l'autre côté de la peur. En guérissant notre passé et en libérant l'énergie cristallisée qui nous entravait, nous pouvons utiliser cette nouvelle énergie au présent pour être les créateurs puissants de notre vie. Sortis du mode de survie et des scénarios-catastrophes, nous sommes enfin capables d'exploiter l'énergie libérée pour suivre notre propre chemin dans l'amour et l'abondance. Notre conscience quitte la fréquence énergétique de la peur, du manque, de la colère et de la honte pour monter vers celle du courage, de la joie et de l'amour (là où vous pouvez recevoir précisément ce que vous souhaitez).

Le présent est tout ce qui existe. L'ici et maintenant est le seul moment où vous pouvez vous transformer et créer du neuf. Tout ce qui existe n'existe que là, maintenant.

## Comment élever la fréquence de votre image de vous-même

*« Laissez tomber l'idée de devenir quelqu'un*
*parce que vous êtes déjà un chef-d'œuvre.*
*Vous ne pouvez pas être amélioré.*
*Il vous faut simplement le reconnaître,*
*le savoir, le réaliser. »*

■ Osho

En rédigeant ce chapitre, je suis en Sardaigne, assise dans un splendide jardin rempli de fleurs sauvages et d'oliviers ; un coq chante à proximité et le soleil se lève lentement sur la mer. Tout est baigné d'une subtile lumière dorée que l'astre répand sur l'île chaque matin. Moment magique. Aussi loin que je remonte dans mes souvenirs, je crois que j'ai toujours eu ce rêve d'habiter dans une toute petite maison en Italie et, le matin, d'être réveillée par le parfum des oliviers et le clapotis de la mer. Pour l'instant, je n'y vis pas, mais je me suis créé une vie qui me permet de travailler en n'importe quel point du globe et de séjourner plusieurs mois dans les endroits les plus beaux qui puissent exister. Bien sûr, cela n'a pas toujours été le cas. Pendant longtemps, je ne me suis pas crue capable de me créer la vie dont je rêvais. Je n'osais pas réfléchir sérieusement à l'existence que je souhaitais. Certes, j'avais des rêves, mais plus j'avais de grands rêves, plus je doutais de pouvoir les réaliser. J'étais si occupée à penser à ce que les autres attendaient de moi que j'oubliais complètement de m'interroger : Qu'est-ce que je voulais faire de ma vie? Quel sens est-ce que je voulais lui donner? Qu'est-ce que je voulais accomplir?

Au fond de moi, j'avais toujours aspiré à autre chose qu'à être tous les jours dans un bureau, assise devant un écran de 9 h à 17 h pour répondre à des mails absurdes. Je voulais faire quelque chose qui fasse la différence dans ma vie et, dans le meilleur des cas, dans celle d'autres personnes. Mais je n'arrivais pas à voir le chemin. Je sentais cette aspiration profonde en moi, mais mes pensées et mes doutes sur moi-même l'empêchaient de se déployer. Mon cœur me répétait : «Laura, fais-toi confiance! Va vers tes rêves! Tu le sens d'instinct! Tu sais ce qui est bon pour toi!» Mais la peur de sortir de ma zone de confort et de découvrir vraiment le monde est restée longtemps si forte que j'ai ignoré la voix de mon cœur et commencé par suivre le chemin emprunté, d'une manière ou d'une autre, par les personnes de mon entourage. J'ai fait des études à l'université qui ne m'ont absolument pas intéressée, végétant jusqu'au jour où tout a changé pour moi. Au cours de mon master à Berlin, j'ai découvert sur le panneau d'affichage de l'université une annonce proposant un cursus à l'étranger. Me sentant irrésistiblement attirée par cette annonce, j'ai lu les noms des universités partenaires et, soudain, mon regard est resté fixé sur une seule : University of California, Berkeley. Mon cœur a bondi de joie! Et de nouveau, cette voix : «Laura, fais-toi confiance! Postule pour décrocher la bourse d'étude.» Depuis mes 18 ans, mon rêve secret avait toujours été de partir étudier à Berkeley. À l'époque, je ne ratais jamais la série *O.C. California* en rentrant du lycée et il y a un épisode où l'héroïne, Marissa Cooper, part étudier à Berkeley. Dès l'instant où j'ai vu des images de ce magnifique campus, j'ai voulu aller là-bas. Je nourrissais ce désir tout en me disant qu'il ne se réaliserait sans doute jamais. C'était impossible, mes parents ne pourraient pas me payer des études dans une université américaine et j'avais tellement de croyances bloquantes dans ma tête («De toute façon, je ne suis pas au niveau» ou «Je n'obtiendrai jamais l'argent nécessaire au financement de ces études») que j'ai repoussé très loin ce rêve au lieu de chercher activement des solutions. C'est malheureusement le problème avec les croyances sclérosantes et les convictions intérieures qui agissent à notre insu : nous ne cherchons même plus à les remettre en question et les acceptons comme si elles étaient des vérités. Mais heureusement, notre cœur se souvient de nos rêves et ne se lasse pas de nous rappeler que des choses plus grandes et plus belles nous attendent.

Et j'étais là, presque cinq ans plus tard, devant cette annonce sur le tableau d'affichage de mon université, à lire ces mots qui faisaient resurgir mon rêve comme par magie et soulevaient en moi une formidable énergie : «Solliciter sans tarder une bourse d'étude à l'université de Berkeley.» C'est à ce moment-là que mon cœur a pris les commandes et n'a plus accepté le moindre doute. J'ai pris mon courage à deux mains, laissé de côté tous mes doutes et postulé à l'une des deux bourses d'étude proposées. Il s'en est suivi six mois de négociations, d'entretiens, de tests et, surtout, d'attente! Pendant tout ce temps, je pratiquais des visualisations quotidiennes : je me voyais en train de courir, heureuse, sur le campus. Et, un jour, j'ai enfin reçu une lettre de l'université de Berkeley! Elle ressemblait exactement à celles des administrations américaines que l'on voit parfois dans les films. Mes mains tremblaient d'excitation en la déchirant aussitôt. Puis des larmes de bonheur ont coulé sur mon visage en lisant ces mots : «Congratulations! You are accepted at the University of Berkeley.»

Trois mois plus tard j'atterrissais à San Francisco et me réjouissais de tout ce que j'allais vivre dans les mois à venir. J'ai loué une jolie petite chambre dans une belle maison ancienne au sol en parquet blanc et je me suis inscrite à tous les cours possibles, de la psychologie à la philosophie en passant par la prise de parole en public.

C'était exactement comme je l'avais imaginé. Un soir, j'ai enfilé mes baskets pour aller faire un jogging. Derrière ma maison se trouvait une colline et un petit chemin qui grimpait à travers une forêt remplie des espèces d'arbres et de fleurs les plus diverses. En arrivant au sommet de la colline, je me suis assise sur une grosse pierre pour faire une pause. De là, j'avais une vue à couper le souffle! J'apercevais Berkeley, la baie avec le Golden Gate et les contours de San Francisco. Le soleil se couchait et baignait tout le paysage d'une lumière dorée, j'entendais les oiseaux et les cigales chanter autour de moi, et un sentiment de profonde gratitude traversa mon corps et mon âme. J'avais réussi à affronter tous mes doutes intérieurs et à suivre mon cœur. Ce que j'avais jugé impossible était devenu ma réalité. Jamais je ne m'étais sentie aussi reliée à ma véritable conscience illimitée qu'à cet instant et, forte de cette énergie, je me suis promis de travailler, chaque jour de ma vie, à aller davantage vers ce lien puissant, magnifique, avec mon vrai moi. Je me suis promis de ne plus jamais douter de mes capacités. Quels que soient mes doutes sur moi-même, je ne voulais plus jamais baisser les bras et je voulais croire en moi. À cet instant, j'ai probablement pris la décision la plus importante de ma vie concernant la Laura que je voulais être et celle que je ne voulais plus être. Je ne voulais plus jamais retourner dans ma part primitive. Je ne voulais plus me faire toute petite ni laisser les autres décider de ma vie à ma place. Je ne voulais plus être prise dans ces doutes qui me faisaient rater tant d'occasions et de miracles. J'ai pris la décision de découvrir ce qui se passerait si je partais à la recherche de ma part spirituelle et si je disais un oui franc et massif à ma vie. Berkeley était mon miracle à moi et j'ai gravé dans mon cœur cet instant où, assise sur ma pierre, je contemplais la mer et la silhouette de San Francisco. Cet instant me rappellerait toujours que tout est possible et la Laura que je suis réellement, si je cesse définitivement de me raconter toutes les idioties que je me suis raconté sur moi-même jusqu'à présent.

## Comment passer de votre part primitive à votre part spirituelle

Le moment présent est celui de tous les possibles pour vous. À chaque nouvelle respiration vous avez la possibilité de choisir celui ou celle que vous aimeriez être, votre manière de penser, votre vision du monde, l'image que vous voudriez avoir de vous-même et si vous voulez agir par amour ou par peur. Et pour pouvoir prendre cette décision, une seule condition : devenir conscient de soi. Nous devons commencer à réfléchir sur l'image de nous-mêmes et l'identité que nous avons acceptées durant notre vie et qui, un jour, sont devenues notre vérité inattaquable et définitive. Au fil de l'existence, nous chutons inconsciemment dans notre part primitive si nous n'avons pas appris à nous responsabiliser et avons oublié que la vie n'est jamais contre nous, mais avec nous. Notre part primitive contient un dispositif en «mode victime» intégré qui réagit automatiquement dès que nous avons l'impression de ne pas avoir été traités correctement ou d'avoir vécu une injustice. Dans notre part primitive, les émotions tombent en général au-dessous de 200 sur l'échelle de conscience de Hawkins. Nous ne nous sentons pas compris, pas vus, pas aimés; nous nous sentons traités injustement, honteux, en colère, jaloux ou coupables. Rien n'est jamais suffisant et, surtout, nous ne nous suffisons pas à nous-mêmes, ce qui nous pousse à compenser ce sentiment de manque.

Nous avons constamment besoin d'une attention et d'une confirmation de l'extérieur, ou de nous distraire (par exemple en mangeant trop pour boucher ce « trou » en nous). Malheureusement, nous devons bien nous rendre à l'évidence : notre sentiment d'insuffisance est toujours là, quoi que nous fassions et quelle que soit l'attention que nous recevons. Nous cherchons à guérir de l'extérieur quelque chose qui, en vérité, ne peut être guéri que de l'intérieur.

*« Je ne suis pas victime du monde que je vois.*
*Comment puis-je être victime d'un monde qui peut être*
*totalement aboli dès l'instant où je le décide ?*
*Mes chaînes sont rompues. Je peux les laisser tomber*
*à ma simple demande. La porte de la prison est ouverte.*
*Je peux quitter ce lieu rien qu'en en sortant.*
*Rien ne me retient dans ce monde. Seul mon désir de rester*
*me retient prisonnier. Je voudrais me défaire de mes désirs*
*insensés et entrer enfin dans la lumière du soleil. »*

■ Un cours en miracles

Nous pouvons nous débarrasser totalement de notre part primitive et de notre tendance à jouer les victimes si nous commençons par réaliser qu'à un moment de notre vie nous avons décidé de ne plus croire en nous-mêmes et en notre force créatrice infinie. C'est en comprenant, ici et maintenant, que nous ne vivons pas notre propre vérité mais sommes esclaves de l'illusion qu'il nous manquera toujours quelque chose, que nous pouvons quitter cette prison mentale et émotionnelle. Tout ce que nous avons à faire, c'est choisir à l'instant même de cette prise de conscience, et avec la plus grande énergie possible, qui nous voulons être. C'est l'identité que vous vous êtes choisie jusqu'à présent et l'image de vous-même que vous vous êtes créée qui vous ont maintenu enchaîné.

## Faites sauter vos chaînes mentales et émotionnelles

La question la plus importante que vous êtes amené à vous poser un jour ou l'autre est la suivante : «Qui ai-je envie d'être dans ce monde ?» Automatiquement, vous dirigez votre attention uniquement vers des pensées en accord avec celui ou celle que vous êtes convaincu d'être et qui «sonnent» vrai pour vous. Les tristes biographies de célébrités telles que Marilyn Monroe, Whitney Houston, Michael Jackson ou Robin Williams montrent à quel point une image de soi peut être autodestructrice et impitoyable. Vu de l'extérieur, ces stars avaient reçu la grâce d'un talent incroyable et ont enthousiasmé des millions de gens avec leur musique et leurs films. Pourtant, elles étaient affreusement malheureuses et n'ont pas réussi à transformer leurs doutes personnels et leur image négative d'elles-mêmes. Le monde entier les aimait mais, elles, ne s'aimaient pas. Le jugement négatif qu'elles portaient sur elles-mêmes était si terrible que tout l'amour du monde et toute la réussite de la terre n'ont pas pu changer la manière dont elles se voyaient. La clé d'une image de soi bienveillante et en harmonie avec soi-même n'est pas à trouver à l'extérieur, mais au plus profond de soi. Et lorsque vous l'avez trouvée et utilisée pour ouvrir les portes donnant sur l'étendue infinie de votre conscience, le bonheur, la réussite, la joie et l'enthousiasme en découlent naturellement.

Durant notre passage sur cette si belle planète, il n'y a aucune raison de limiter nos ambitions et de laisser notre part primitive déterminer le cours de notre existence. Aucune raison de cacher notre caractère unique et de mettre en veilleuse notre lumière personnelle. Toutes les raisons que votre mental a trouvées pour vous empêcher de faire confiance (au monde et à vous-même) ou de croire en votre grandeur sont des tentatives de l'ego pour vous maintenir dans votre zone de confort. Votre ego cherche à vous dire que vous n'êtes pas quelqu'un d'assez bien ou d'assez aimable afin que vous restiez là où vous êtes. Pourquoi ? Parce qu'il pense que vous êtes plus en sécurité à cet endroit. En fait, l'ego a peur. Alors il écrase toute aspiration de votre part spirituelle à retrouver sa pleine lumière.

Sur les 50000 à 70000 pensées que nous avons en moyenne tous les jours, chacune devrait être un

«Alléluia! J'aime ma vie!» plein d'énergie positive envoyé à l'univers pour exprimer notre joie d'être ici et nous autoriser à nous exprimer dans notre existence ici-bas. Imaginez que tous les matins, pendant une semaine, vous sautiez du lit en vous disant : «Alléluia! J'aime ma vie!» Ne pensez-vous pas que vous vous sentiriez autre? Que vous auriez une autre énergie? Que vous prendriez d'autres décisions? Oui, probablement. Votre énergie est votre monnaie pour l'avenir. Tout ce que vous émettez avec votre énergie vous revient sur la même fréquence. Plus vous maniez consciemment cette énergie qui est la vôtre, plus vous attirez d'énergie positive dans votre vie.

La plupart de nos pensées sont la réplique exacte de celles d'hier et d'avant-hier. Nous sommes esclaves de nos habitudes, de nos schémas mentaux, affectifs et émotionnels. Nous nous habituons à une certaine manière de penser, de réagir et de ressentir. Et parce que nous créons notre réalité toujours avec les mêmes pensées, nous avons tendance à obtenir toujours les mêmes résultats. Le seul moyen d'accéder à une vie plus épanouie est de transformer nos pensées et notre image de nous-mêmes (tous ces stéréotypes que nous nous collons).

Si vous êtes prêt à vous créer une autre vie, une vie remplie d'amour, de confiance, de santé, de succès et de joie, vous devez changer votre image de vous-même, vous rappeler qui vous êtes en réalité et oser sortir de votre zone de confort, oser briller plus fort que jamais auparavant. Tout, dans l'univers, repose sur la vibration de l'énergie, y compris votre image de vous-même. Votre part primitive vibre à une fréquence plus basse que votre part spirituelle. Si vous grimpez sur la fréquence de votre part spirituelle, vous transformez vos pensées de manque et de survie en pensées d'amour, d'abondance et de création.

## Les deux loups en nous : ego (part primitive) contre part spirituelle

L'une de mes histoires préférées est une vieille histoire indienne, celle de deux loups qui habitent en chacun de nous. Elle parle d'un vieil Indien cherokee assis avec son petit-fils, le soir, devant le feu de camp. Le petit-fils se posait des tas de questions sur la vie, alors il demanda à son grand-père : « Pourquoi certaines personnes sont heureuses et d'autres si malheureuses ? »

Le grand-père le regarda, songeur, et lui répondit : « Deux loups vivent en chacun de nous. Un loup blanc et un loup noir. Le loup blanc incarne tout ce qui est bien (la justice, la bonté, la compassion, la joie, la paix, l'amour, l'espoir, la confiance, la vérité) et toute la lumière qui est en nous. Le loup noir, lui, représente tout ce qui n'est pas bon en nous, toute notre part négative (la colère, la peur, la méfiance, la haine, l'envie, la tristesse, la cupidité, l'arrogance, l'apitoiement sur soi, la culpabilité, la rancune, le sentiment d'infériorité, et bien d'autres choses encore). Comme tu peux l'imaginer, un combat oppose constamment ces deux loups. Ce combat fait rage aussi en toi et en tous les êtres humains, car ces deux loups nous habitent tous. »

Le petit-fils réfléchit un instant à ce que son grand-père lui avait dit, puis lui demanda avec curiosité : « Et lequel des deux loups remporte le combat ? »

Le vieil Indien adressa un sourire bienveillant à son petit-fils et lui répondit : « Celui que tu nourris. Mais n'oublie jamais : si tu nourris uniquement le loup blanc, le loup noir va t'attendre au tournant et, un jour ou l'autre, profiter d'un moment de faiblesse. Il va exiger l'attention qu'il désire. Moins il va recevoir d'attention de ta part, plus il va mener bataille contre le loup blanc. Alors veille à tenir compte de lui également et à lui accorder de l'attention. Ainsi, les deux loups seront heureux et tout le monde y gagnera. C'est le grand défi de chaque être humain de trouver l'équilibre intérieur. Si tu fais cohabiter harmonieusement les deux loups en toi, tu auras tout pour mener une vie heureuse. »

Ces deux loups symbolisent notre ego et notre part spirituelle. Tandis que notre ego naît de l'illusion du manque et de la séparation, notre part spirituelle est notre état naturel de confiance, d'amour et de compassion. Retourner vers elle est ce que nous avons à accomplir dans notre vie.

## Ego contre part spirituelle

| 1. Angoisse contre sérénité | |
|---|---|
| Votre ego est constamment dans une agitation inquiète, il voit le danger partout et doute de tout. | Votre part spirituelle est confiante et sereine par rapport à votre chemin. Elle sait que les erreurs en font partie et vous font grandir. |
| **Pensées typiques de l'ego**<br>« Et si ça ne marche pas ? »<br>« C'est trop de changement pour moi maintenant. »<br>« Je risque d'avoir l'air idiot. » | **Pensées typiques de la part spirituelle**<br>« C'est agréable ! »<br>« Essayons, tout simplement. »<br>« J'ai envie de faire quelque chose d'intéressant ! » |
| **2. Jugement contre compassion** | |
| Votre ego vous juge sans arrêt et compare sans cesse (et, naturellement, vous n'êtes jamais à la hauteur). | Votre part spirituelle est capable de voir la possibilité de guérison cachée dans votre souffrance et vos blessures, et elle se montre pleine de compassion à votre égard et à l'égard de tous vos semblables. Elle voit votre lumière intérieure et celle de tous les êtres humains. |
| **Pensées typiques de l'ego**<br>« Je ne suis pas digne d'être aimé ni à la hauteur. »<br>« Je suis trop petit, trop grand, trop gros, trop maigre, trop bête... »<br>« Les autres réussissent mieux que moi, sont plus séduisants, plus intelligents et capables que moi. » | **Pensées typiques de la part spirituelle**<br>« Ma propre souffrance me permet de voir celle des autres et de compatir à la leur. »<br>« Je suis lumière et conscience illimitée. Dès que je brille, je permets à tous les autres de briller. » |

| 3. Peur contre amour | |
|---|---|
| L'ego se nourrit de la peur. Il se méfie constamment du monde extérieur, des autres et de lui-même.<br><br>**Pensées typiques de l'ego**<br>« Le monde est un lieu dangereux. »<br>« La confiance, c'est bien, le contrôle, c'est mieux. »<br>« Dans ma zone de confort, je suis en sécurité. » | La part spirituelle puise à la source de l'énergie de l'amour inconditionnel. Elle est reliée à cette source dans une confiance profonde et y reconnaît sa véritable origine.<br><br>**Pensées typiques de la part spirituelle**<br>« Je suis aimée et protégée. »<br>« Je suis dans une confiance totale. »<br>« La vie est toujours à mes côtés. » |
| **4. Séparation contre unité** | |
| En s'identifiant à notre corps, à nos pensées et à nos sentiments, notre ego s'éprouve comme séparé de tout le reste. Cette illusion de la séparation l'empêche de se sentir épanoui.<br><br>**Pensées typiques de l'ego**<br>« De toute façon, je suis différent. »<br>« Je me sens limité. »<br>« Même quand je suis avec d'autres personnes, je me sens seul. » | La part spirituelle est conscience pure et illimitée. Elle sait qu'elle fait partie de l'univers et que l'univers fait partie d'elle, et que tout ce qui existe dans l'univers est interdépendant.<br><br>**Pensées typiques de la part spirituelle**<br>« Je suis une partie de toi et tu es une partie de moi. »<br>« Toute pensée négative contre toi est aussi une pensée négative contre moi. »<br>« Je suis sans limite. » |

| 5. Culpabilité contre pardon | |
|---|---|
| L'ego cherche toujours un coupable et se pose volontiers en victime des circonstances. Il se sent vite traité injustement et y voit une bonne raison de ne pas avoir à assumer la responsabilité de ses propres résultats.<br><br>**Pensées typiques de l'ego**<br>« Parce qu'untel a fait ceci ou cela, je ne peux pas être heureux aujourd'hui. »<br>« C'est de ta faute si... »<br>« Je me sens si impuissant. » | La part spirituelle comprend que tous les résultats obtenus dans sa vie résultent de ses pensées, de ses sentiments et de ses décisions, et que le pardon est la clé pour vivre libéré dans le présent et se sentir créateur de sa propre vie.<br><br>**Pensées typiques de la part spirituelle**<br>« Je me pardonne. Je te pardonne. »<br>« Je n'ai aucun contrôle sur les événements extérieurs, mais je peux contrôler ma façon d'y réagir. »<br>« La paix commence par moi. » |
| **6. Posséder contre donner** | |
| Convaincu de n'en avoir jamais assez, l'ego en veut toujours plus et définit son bonheur selon des critères de réussite extérieure, de reconnaissance et de possession matérielle.<br><br>**Pensées typiques de l'ego**<br>« J'ai besoin d'encore plus de succès/d'argent/d'amour... »<br>« Quoi que je fasse, ça ne suffit jamais. »<br>« Je veux tout pour moi. » | La part spirituelle est comblée d'amour et de gratitude. Elle reconnaît l'abondance que la vie et l'univers réservent à tous les individus. Elle voit ses propres ressources et voudrait volontiers tout partager et transmettre.<br><br>**Pensées typiques de la part spirituelle**<br>« Je suis comblée. »<br>« Je suis reconnaissante. »<br>« J'ai suffisamment et je suis prête à redonner quelque chose à mon prochain ou à la planète. » |

| 7. Passivité contre création | |
|---|---|
| L'ego ne croit pas pouvoir contribuer à quelque chose ni avoir une influence déterminante sur le cours de sa vie. Il réagit à tout ce qui vient de l'extérieur plutôt que d'être productif lui-même. | La part spirituelle est ici pour faire l'expérience d'elle-même et s'exprimer. Elle est animée d'une puissance créatrice et donne forme à sa propre vie de façon inspirée. Elle co-crée avec l'univers la Vie au sens le plus élevé. |
| **Pensées typiques de l'ego**<br>« Pourquoi est-ce toujours à moi que ça arrive ? »<br>« Qui peut bien s'intéresser à ce que je fais ? »<br>« Je n'ai aucune influence sur le déroulement de mon existence. » | **Pensées typiques de la part spirituelle**<br>« J'aime ma vie. »<br>« Je suis pleine de créativité et d'idées. »<br>« Je crée la vie dont je rêve et je concrétise mes idées. » |
| **8. Survie contre croissance** | |
| L'ego considère la vie comme un combat et, du coup, reste prisonnier d'un mode de réaction par la lutte, la fuite ou l'immobilisation. Le stress déclenché par ses pensées négatives l'épuise et le vide de son énergie. | La part spirituelle voit dans chaque expérience l'occasion d'évoluer spirituellement et considère la vie comme une école pour apprendre et grandir. Elle sait qu'elle est assez forte pour relever chaque défi que lui lance la vie. |
| **Pensées typiques de l'ego**<br>« La vie est fatigante. »<br>« Je me sens épuisé et stressé. »<br>« Je dois me protéger. » | **Pensées typiques de la part spirituelle**<br>« Quelle leçon puis-je tirer de cette expérience ? »<br>« Qui voudrais-je être dans ma vie ? »<br>« Je suis guidée par l'amour. » |

| 9. Contrôle contre foi | |
|---|---|
| Pour se sentir en sécurité, l'ego doit tout contrôler et a du mal à lâcher. Il se méfie de lui-même, de la vie et des autres, d'où sa difficulté à tisser des liens profonds et sa tendance à se sentir vite insécurisé. | La part spirituelle croit en elle-même et se dit que sa vie sur terre obéit à un sens supérieur. Elle se sent reliée à quelque chose de plus grand et voit dans chacun de ses semblables la possibilité de mieux se connaître elle-même. |
| **Pensées typiques de l'ego**<br>« Je pourrais être de nouveau blessé. »<br>« Il y a sûrement quelque chose qui cloche. »<br>« Je ne peux pas faire confiance. » | **Pensées typiques de la part spirituelle**<br>« Je crois en l'univers/Dieu/l'amour. »<br>« Je peux mieux me connaître à travers toi. »<br>« Je me fais confiance et je fais confiance à la vie. » |
| **10. Manque contre abondance** | |
| En étant convaincu d'être séparé du monde et de ne pas être suffisamment ceci ou cela, l'ego éprouve le manque toute sa vie. Et en essayant – en vain – de combler ce manque par des nourritures extérieures, il ne fait que renforcer sa frustration intérieure et donc maintenir son état de manque. | La part spirituelle est reliée à la plénitude et à l'abondance infinie de l'univers. Elle vibre sur la fréquence de l'abondance et, par sa profonde gratitude, attire toujours plus d'abondance dans sa vie. Elle reconnaît que tout est échange d'énergie et veille à maintenir sa propre vibration en harmonie avec l'amour et la gratitude. |
| **Pensées typiques de l'ego**<br>« Je ne me sens pas comblé. »<br>« La vie est injuste. »<br>« Je ne serai jamais heureux. » | **Pensées typiques de la part spirituelle**<br>« L'univers est la pure expression de l'abondance. »<br>« Il y en a là assez pour tout le monde. » |

Vous avez déjà fait un premier grand pas pour vous relier à votre part spirituelle en prenant ce livre et, à travers ce geste, en disant inconsciemment à l'univers : «Je suis prêt pour changer. Je suis prêt pour être heureux, même au prix de ne plus pouvoir rendre les autres responsables de l'état d'insatisfaction qui est le mien jusqu'à présent. À partir de maintenant, je dis un oui franc et massif à la vie. Allez, j'active ma part spirituelle!»

Je vous remercie de tout cœur d'avoir franchi cette première étape car nous avons plus que jamais besoin de porteurs de lumière pour contribuer, ensemble, à ce que le monde redevienne un lieu de paix pour tous les hommes.

Vous avez déjà jeté les bases de votre connexion, ici et maintenant, à votre part spirituelle en acceptant, dans la première partie de ce livre, de lâcher votre passé, de réécrire votre histoire, de vous pardonner et de pardonner aux personnes de votre entourage. Peut-être pouvez-vous même déjà dire du fond du cœur : «J'exprime ma gratitude envers toutes les expériences que j'ai vécues, car elles ont fait de moi celui/celle que je suis aujourd'hui. Je suis prêt à lâcher tous mes ressentiments, à redire oui à la vie et à regarder vers l'avenir.» Avec ces mots, vous vous autorisez à accéder à la paix intérieure dans le présent et guérissez une partie du monde.

Si vous voulez approfondir la connexion à votre part spirituelle et la laisser devenir votre nouvelle image de vous-même au quotidien, vous pouvez élever votre conscience ici et maintenant à quatre niveaux.

À chaque instant, vous pouvez choisir qui vous voulez être au niveau :

1. de vos pensées,
2. de vos sentiments,
3. de vos décisions ou
4. de vos actions.

## Saisissez votre bonheur !

- La question la plus importante à vous poser est la suivante : « Qui ai-je envie d'être dans ce monde ? »
- À chaque instant vous avez la possibilité de choisir celui ou celle que vous voulez être et de vous relier à votre part spirituelle.
- Si vous avez toujours les mêmes pensées, vous obtenez toujours les mêmes résultats.
- C'est le loup que vous nourrissez le plus qui remporte le combat.
- Vous n'êtes pas victime du monde extérieur. Vous êtes le créateur de votre vie.
- La vie est toujours votre amie.

## Mes remarques et mes conclusions :

..........................................................................................................

..........................................................................................................

..........................................................................................................

..........................................................................................................

..........................................................................................................

..........................................................................................................

..........................................................................................................

..........................................................................................................

..........................................................................................................

..........................................................................................................

..........................................................................................................

..........................................................................................................

..........................................................................................................

..........................................................................................................

..........................................................................................................

..........................................................................................................

..................................................................................

..................................................................................

..................................................................................

..................................................................................

..................................................................................

..................................................................................

..................................................................................

..................................................................................

..................................................................................

..................................................................................

..................................................................................

..................................................................................

..................................................................................

..................................................................................

..................................................................................

..................................................................................

..................................................................................

L'univers
est une immense
photocopieuse de
nos pensées. Si nous
voulons qu'une chose
change, nous devons
cesser de photocopier
les pensées qui
vont avec.

Neale Donald Walsch (*Conversations avec Dieu*)

# Changez vos pensées et votre vie changera

Vous rappelez-vous le système d'activation réticulaire de votre cerveau ? Notre propre perception est le filtre de notre vie. Ce que nous percevons, nous le tenons pour vrai et y croyons dur comme fer. Que ce soit la réalité ou non. Notre perception porte l'empreinte de nos expériences et des conclusions que nous en tirons – bref, de notre jugement.

*« Vous ne voyez pas le monde tel qu'il est*
*mais tel que vous êtes. »*

Par conséquent, nous ne voyons jamais ce qui est, mais toujours ce que nous percevons et évaluons à travers notre filtre personnel. Plus nos expériences ont été empreintes d'une forte charge émotionnelle, plus elles influencent notre perception. C'est en particulier dans nos premières années de vie que nous apprenons certaines «vérités» par le biais de notre entourage. Par exemple, nous apprenons ce que signifie l'amour à travers notre manière de l'éprouver et de l'expérimenter. Si, enfant, vous ne receviez de l'amour que lorsque vous obteniez d'excellents résultats, vous allez en déduire l'équation suivante : EXCELLENTS RÉSULTATS = AMOUR et vous dire que pour obtenir de l'amour, vous devez obtenir d'excellents résultats. L'amour devient alors quelque chose qui se manifeste en dehors de nous et pour lequel nous devons faire quelque chose. Dès l'instant où une conclusion devient une vérité, nous ne la contestons plus. Elle s'est transformée en conviction intérieure et agit comme un véritable moteur à l'intérieur de nous.

N'oublions pas que le besoin humain le plus fondamental est l'amour (et l'attention). Dès que celui-ci n'est plus inconditionnel, nous nous sentons coupés de la source de l'amour infini et cherchons toute notre vie à combler ce sentiment de manque d'amour à coup d'excellents résultats. En vain, car nous ne pouvons que constater que nos efforts sont un puits sans fond. Quoi que nous fassions, nous ne parvenons pas à éprouver cette plénitude de l'amour. Tant que nous ne transformons pas notre propre filtre sur la source de l'amour et ne comprenons pas que l'amour n'est en réalité jamais parti (d'où l'inutilité de le chercher ou de devoir faire quelque chose pour l'obtenir), nous continuons d'éprouver ce manque. C'est notre propre jugement sur notre expérience qui nous fait souffrir et nous sépare de l'énergie infinie de l'amour. L'amour est toujours là, simplement nous ne le percevons plus.

Nous ne développons pas seulement des convictions sur l'amour. Au fil des années et des expériences, nos convictions profondes se multiplient, qu'elles viennent de l'extérieur ou soient issues de nos propres pensées. Il n'y a aucun sujet sur lequel vous ne portiez pas un jugement de valeur qui influence vos convictions intérieures. Les femmes, les hommes, les enfants, le travail, la sexualité, la foi, la santé, la réussite, la spiritualité, le monde, etc., rien n'échappe à votre filtre personnel. Par exemple, dès l'enfance nous apprenons de notre entourage et de notre environnement social l'importance et la valeur de l'argent. Selon les convictions des gens qui nous entourent, nous apprenons qu'il est facile ou difficile de gagner et de garder de l'argent, ou que l'argent est quelque chose de bien ou de mal. Si vos parents et vos proches ont une attitude très positive à l'égard de l'argent, si vous observez que l'argent ne vient jamais à manquer et qu'il est un échange d'énergie, vous avez toutes les chances de n'avoir aucun problème à gagner de l'argent plus tard. En revanche, si l'argent a toujours été un sujet de stress dans votre enfance, voire une raison de séparation ou de divorce, vous avez toutes les chances d'activer votre filtre négatif dès qu'il est question d'argent. Même si vous pouvez avoir envie d'en gagner beaucoup, il s'avère que, quoi que vous fassiez, vous n'en ayez jamais assez ou qu'il vous file systématiquement entre les doigts. Pourquoi ? Parce que votre inconscient est convaincu que l'argent est un facteur de stress et une cause possible de séparation. Par conséquent, vos convictions intérieures iront toujours à l'encontre de votre désir de posséder beaucoup d'argent. Et comme vos actions sont déterminées à 95 % par votre inconscient, votre désir n'a aucune chance de se réaliser tant que vous ne prenez pas conscience des convictions qui vous régissent pour les transformer.

*« À la longue, l'âme prend la couleur des pensées. »*

■ **Marc Aurèle**

Imaginez que vous êtes assis à bord d'un petit voilier sur la mer et que vous avez très envie de naviguer vers une île au trésor remplie d'or. Vous savez parfaitement comment vous y rendre, mais le voilier ne navigue pas dans la bonne direction. À chaque fois, vous mettez les voiles et essayez d'atteindre l'île, mais sans succès. Soudain, vous constatez qu'une corde est attachée à votre voilier et qu'elle s'enfonce profondément dans l'eau. Curieux de savoir où elle mène, vous plongez et descendez le long de cette corde au fond de la mer. Plusieurs centaines de mètres plus bas, vous découvrez que la corde est fixée à un énorme sous-marin. Scandalisé, vous grimpez dans le sous-marin, vous vous plantez devant le capitaine et lui demandez : «Pourquoi est-ce que tu tires toujours mon voilier dans la mauvaise direction ? J'essaie depuis des années de naviguer vers l'île au trésor et me demande sans cesse pourquoi je n'arrive jamais à destination ! » Le capitaine vous regarde d'un air ahuri et vous répond : «Je ne comprends pas. Je ne fais que suivre les consignes que tu m'as données. Tu m'as dit : "Peu importe ce que je veux là-haut, dans mon voilier, toi suis toujours ces coordonnées !" »

Votre inconscient est ce sous-marin qui veille à ce qu'avec votre voilier (votre conscience) vous naviguiez uniquement dans la direction correspondant aux coordonnées enregistrées. Votre capitaine a gardé ces coordonnées, soit parce que vous lui avez envoyé toujours les mêmes pensées pendant des années sans vous en rendre compte, soit parce que vous avez vécu un événement si marquant et à la charge émotionnelle si forte que vos coordonnées d'alors ont été immédiatement écrasées. Supposons que lorsque vous étiez petit vos parents se disputaient constamment pour des questions d'argent et ont fini par se séparer. Cette expérience de la séparation ayant été si douloureuse pour vous, votre capitaine a reçu avec une grande intensité les coordonnées suivantes : «L'argent est mauvais. L'argent provoque des conflits. L'argent a détruit mon foyer.» Parce que ce sont désormais les nouvelles coordonnées de votre sous-marin en matière d'argent, votre voilier ne peut naviguer que dans deux directions :

1. Vous n'atteindrez jamais l'île au trésor. Ce qui signifie que vous ne posséderez jamais beaucoup d'argent.
2. Vous atteindrez l'île au trésor, mais perdrez rapidement le trésor. Ce qui signifie : vous posséderez peut-être beaucoup d'argent, mais très peu de temps, car pour vous protéger d'une nouvelle souffrance, votre inconscient veillera à ce que vous vous en débarrassiez rapidement. Votre âme attire ce qu'elle aime ou redoute le plus. Tout dépend de l'intensité de l'émotion à laquelle la pensée est reliée. Si vous voulez que votre capitaine soit prêt à enregistrer de nouvelles coordonnées, vous devez lui envoyer des pensées dotées d'une énergie et d'une intensité émotionnelle plus fortes que les anciennes. En influençant activement votre inconscient par l'autosuggestion, vous pouvez remplacer vos anciennes convictions par de nouvelles encore plus puissantes.

La manière dont nous nous parlons à nous-mêmes détermine notre qualité de vie. À l'aide des mots que vous vous dites, vous pouvez déduire la manière dont vous vous pensez. Ce que nous nous répétons sur nous-mêmes est parfaitement conservé : que nous sommes incapables de ceci ou de cela ou, au contraire, que nous en sommes capables. Vu que chaque pensée fonctionne comme une suggestion directe à notre inconscient, nos paroles ont un effet hypnotique sur nous et nous nous retrouvons un jour à parcourir le monde comme hypnotisés par le moi sclérosant auquel nous avons donné vie. La mesure la plus libératrice que nous puissions prendre est de rompre avec cette autohypnose négative et de développer un nouveau dialogue aussi puissant que bienveillant avec nous-mêmes.

## Comment vous libérer de la peur du manque

Vous libérer de la peur du manque si chère à l'ego pour vous relier à votre part spirituelle signifie retrouver pas à pas votre essence véritable. C'est l'appel de votre âme qui vous dit de ne pas oublier qui vous êtes vraiment et vous aide à vous reconnecter à la conscience universelle à l'origine de toute création. Votre âme fait partie de cette conscience illimitée; dans cette vie, elle a choisi une enveloppe corporelle lui permettant de faire ses propres expériences et de s'exprimer. Elle est donc en lien avec votre corps. Mais votre ego, lui, se croit coupé de la conscience universelle parce qu'avec ses cinq sens, il se perçoit comme séparé. Identifier et dissoudre cette illusion de la séparation est l'éveil spirituel qui permet de s'émanciper de la peur du manque.

Même si nous avons tous notre propre histoire, le processus de libération spirituelle suit toujours les quatre étapes suivantes :

- Étape 1 : part primitive – conscience d'une séparation
- Étape 2 : prise de conscience de cette illusion
- Étape 3 : prise de conscience de la vérité
- Étape 4 : part spirituelle – conscience de l'unité

Les quatre étapes de l'éveil spirituel vous mènent à la conscience de votre part spirituelle. Chaque étape a sa raison d'être et son importance pour l'expérience humaine que l'âme a choisie de faire.

### Étape 1 : part primitive – conscience d'une séparation

*« La pensée inquiète tend à se détourner du seul but véritable, à savoir réaliser l'atman[1], s'unir au divin, à son être intérieur véritable. »*

■ La Bhagavad-Gita

La première étape est celle de la conscience de l'ego et du manque. À ce niveau, nous ne nous rendons pas compte qu'en réalité nous faisons partie d'une conscience universelle et nous nous identifions totalement à l'ego, au corps, aux pensées, à nos émotions et à nos sentiments. Nous sommes

1. Le concept hindouiste de l'âme, l'essence divine présente en chacun de nous. L'atman est l'âme émanée de la grande âme universelle à laquelle elle se réunit si elle est pure.

aveugles à notre vraie grandeur et ne mettons pas en question la réalité perçue à travers nos cinq sens. En ignorant (volontairement ou non) notre essence divine, nous nous vivons comme séparés du monde et éprouvons une conscience aiguë du manque. Nous nous sentons livrés à la vie, nous nous considérons comme le jouet des circonstances extérieures et oscillons entre la peur, la colère, la honte, l'apathie, le chagrin et la culpabilité sur l'échelle de la conscience. À ce stade, nous nous voyons limités et cherchons à combler ce vide à l'extérieur en consommant trop, en mangeant trop, en travaillant trop ou en recourant à des drogues. Le faible niveau vibratoire de nos propres pensées, émotions et sentiments attire sur cette fréquence des événements qui ne font que renforcer notre sentiment de coupure et de vide intérieur. Dans la conscience de l'ego, toute l'attention est focalisée sur ce qui n'est pas là et non sur ce qui est déjà là. Et comme nous ne sommes pas conscients de notre force créatrice, nous créons notre réalité de façon largement inconsciente et passive. Nos pensées négatives nous amènent à utiliser notre imagination à notre insu pour nous créer une vie qui n'est pas celle que nous souhaitons.

Pour oser passer de la première à la deuxième étape, nous devons être prêts intérieurement à remettre en question nos convictions et à cesser de nous poser en victimes des circonstances extérieures. Étant donné que la conscience de l'ego ne peut exister qu'en maintenant la conscience d'une séparation, elle tente par tous les moyens de nous empêcher de découvrir l'illusion de cette séparation. Malheureusement, nous n'acceptons souvent de mettre en question notre propre réalité qu'après avoir vécu une souffrance plus grande que la peur d'abandonner notre zone de confort.

### Étape 2 : prise de conscience de cette illusion

*« Soit tu as raison, soit tu es heureux.*
*Tu ne peux pas avoir les deux. »*

■ Marshall Rosenberg

À la deuxième étape, nous prenons conscience pour la première fois de cette illusion de la séparation. Nous réalisons combien elle nous a fait souffrir et commençons à nous ouvrir à une nouvelle perception de nous-mêmes dans l'espoir de nous débarrasser de notre sentiment de manque. Cette ouverture nous permet d'observer nos propres pensées et sentiments sous un autre angle et avec du recul. Nous nous demandons alors : « Si je ne suis pas mon ego, mes pensées, mes sentiments et mon corps, alors qui suis-je ? »

En observant nos pensées et nos sentiments, nous constatons tout à coup que nous avons un commentateur entre nos deux oreilles qui juge sans arrêt et sans pitié ce qui se passe en nous et autour de nous. Au cas où vous penseriez ne pas en avoir, sachez que cette seule pensée suffit à prouver son existence. La station de radio pour laquelle travaille ce commentateur, je l'appelle volontiers «Foutaises FM» – votre radio des mauvais sentiments et des pensées négatives. Sur Foutaises FM, vous n'entendez parler que de ce qui n'est pas encore assez bien, de tout ce qui risque de mal tourner, et l'on vous répète à longueur de journée que le monde est un lieu injuste et répugnant. Tandis qu'à la première étape, celle de la conscience de l'ego, nous n'avons pas songé à mettre en question ce que raconte le commentateur, à la deuxième étape nous commençons à prendre conscience du monologue intérieur diffusé sur Foutaises FM.

Lorsque nous voulons nous relier à notre part spirituelle, nous devons nous défaire de tout ce qui nous a empêché jusque-là de nous percevoir nous-mêmes et le monde avec les yeux de l'amour et de la confiance profonde. Nous devons abandonner l'illusion qui a engendré nos pensées négatives, nos peurs, nos jugements sur nous-mêmes et sur les autres. Ce processus de désillusionnement équivaut à l'épluchage d'un oignon : nous nous libérons, couche après couche, de nos fausses convictions, de nos peurs, de notre honte et de notre tendance à nous dévaloriser. La deuxième étape exige notre plus grand courage et une force de volonté énorme pour enlever, une à une, toutes ces couches, même si les larmes coulent et si notre ego va s'opposer par tous les moyens à ce que son illusion de la séparation et de la peur, maintenue péniblement jusque-là, soit brusquement dévoilée. Sans doute vous souvenez-vous encore de mon expérience de la méditation Vipassana où j'ai été prise de terribles angoisses en commençant à regarder ce qu'il y avait derrière les histoires que je me racontais depuis des années et à comprendre d'où venait ma souffrance. C'était l'ego qui, de toutes ses forces, voulait m'empêcher de me débarrasser définitivement de cette vieille souffrance.

La voie la plus efficace pour se détacher progressivement de son ego et prendre conscience des processus inconscients est la méditation. Cette technique a complètement changé ma vie ; elle m'a aidée à ne plus m'identifier au commentateur de Foutaises FM et à ne plus croire ce qu'il raconte à longueur de journée. La méditation m'a permis de l'observer sans le juger et, du coup, de découvrir que je pouvais changer de fréquence radio et diriger consciemment mon attention. En observant attentivement mes propres pensées, j'ai réalisé à quel point mon commentateur intérieur se montrait souvent dévalorisant à mon égard et à l'égard des autres. Je me suis rendu compte que mes pensées étaient si fortement teintées de la peur d'être blessée ou abandonnée que l'illusion de la séparation me servait de bon prétexte pour ne plus avoir à tisser de relations étroites. Car même si dans un premier temps il nous est souvent difficile de comprendre pourquoi nous restons dans la conscience de l'ego, dans un deuxième temps il nous apparaît en général très clairement que l'illusion de la séparation nous a procuré un avantage et servi à éviter la souffrance. Quel avantage? Cela nous évite d'assumer notre propre responsabilité, de nous engager dans des relations profondes ou nous laisse croire que nous sommes plus libres de cette manière. Nous avouer à nous-mêmes la nature de cet avantage nous aide à effacer l'illusion de la séparation et à rouvrir notre cœur. La plus grande évolution spirituelle se fait en nous lorsque nous laissons notre cœur ouvert pour y laisser entrer l'amour, même si cela nous est difficile, nous effraie et nous donne envie de fuir. Lorsque nous parvenons à aimer encore malgré tout ce qui crie sa peur et sa fragilité en nous, nous entrons en contact avec la véritable grandeur de notre âme. Dans cette croissance spirituelle, nous faisons l'expérience de l'amour inconditionnel que nous pouvons partager. Et nous nous sentons être bien plus que notre ego, notre corps, nos pensées et nos sentiments.

À la deuxième étape de l'éveil spirituel, la méditation nous permet de diriger notre attention vers l'intérieur et d'identifier nos pensées fondées sur la peur. Nous percevons que nous sommes sur Foutaises FM et, en levant le voile sur l'illusion de la séparation, sommes désormais en mesure de changer de fréquence radio.

## Exercice de la part spirituelle

### Apprendre à méditer en sept étapes

#### ÉTAPE 1 : Commencez par des séances courtes

D'après mon expérience, il est préférable de commencer par des séances de méditation courtes, de 2 à 3 minutes par jour, le matin ou le soir. Les 30 premières fois où j'ai voulu méditer ont été relativement frustrantes. J'ai peut-être réussi pendant 5 secondes à ne pas succomber à la première pensée venue, celle du dîner ou de je ne sais quoi d'autre qui m'emmenait ailleurs. Au départ, se concentrer seulement 3 minutes permet d'avoir plus rapidement une expérience réussie et donc de persévérer. Au bout d'une semaine, vous pouvez ajouter 2 minutes. Faites sonner votre réveil.

#### ÉTAPE 2 : Concentrez-vous sur votre respiration

Méditer vous aide à vous distancier de vos pensées. Mais pour y parvenir, vous devez d'abord apprendre à diriger consciemment votre attention. Asseyez-vous confortablement dans un endroit calme et fermez les yeux. Focalisez toute votre attention sur l'extrémité de votre nez et, durant les premières semaines, concentrez-vous uniquement sur votre respiration et la manière dont l'air frôle vos narines à chaque cycle respiratoire (inspiration + expiration). Dès que vous vous apercevez que votre attention s'est échappée vers le dîner, un courriel ou votre prochaine destination de vacances, réorientez-la consciemment vers votre souffle.

Au début, la récitation d'un mantra pendant ma séance de méditation m'a beaucoup aidée. Le mot mantra, qui vient du sanskrit, est constitué des syllabes *man* (esprit) et *tra* (libérer). Un mantra est une vibration spirituelle qui nous aide à chasser nos pensées de notre esprit.

Pour vous libérer de vos pensées négatives et sclérosantes, vous pouvez utiliser le mantra « lâchez prise », par exemple. Répétez dans votre tête « lâchez » à chaque inspiration et « prise » à chaque expiration.

## ÉTAPE 3 :
## Instaurez une routine

En général, nos journées sont remplies de rendez-vous et de courriels auxquels il faut répondre. Alors vous vous dites que vous n'avez qu'à reporter votre méditation au lendemain. C'est précisément pour éviter cela qu'il est préférable de méditer le matin dès le lever. Votre séance de méditation matinale doit devenir votre priorité. Méditer, c'est laver ses pensées comme on se lave les dents : un rituel automatique.

Pour ma part, je médite au lit dès mon réveil. Avant même d'ouvrir les yeux, je m'assois confortablement et commence ma séance. Cette méditation fait partie intégrante de mes rituels du matin et je n'y déroge jamais.

## ÉTAPE 4 :
## N'ayez pas peur de mal faire

Parce que la méditation est terriblement efficace, beaucoup de gens croient qu'elle est incroyablement compliquée et qu'on risque de la pratiquer très mal. Je vous rassure, sa force réside dans sa simplicité. L'art de méditer consiste à vous concentrer uniquement sur le rythme régulier de votre respiration et à réorienter votre attention vers votre souffle dès que vous vous rendez compte que vous étiez ailleurs. Impossible de commettre des erreurs. Il est tout à fait normal d'avoir des difficultés au départ et de vous laisser entraîner par des pensées qui vous traversent l'esprit au bout de quelques secondes. Mais dès que vous vous en apercevez, il vous suffit de revenir à l'instant présent et de vous focaliser à nouveau sur votre respiration. Au début, la méditation peut vous paraître bizarre et inutile. Soyez simplement curieux d'apprendre à connaître l'être qui est en vous lorsque vous êtes pleinement présent à vous-même.

## ÉTAPE 5 :
## Développez la conscience de vous-même

Lorsque vous commencez à vous habituer à la méditation, vous pouvez procéder à une petite vérification au début de chaque séance. Essayez de percevoir l'ensemble de votre corps. Comment vous sentez-vous ? Êtes-vous stressé ? Énervé ? Comment sentez-vous votre corps ? Où êtes-vous tendu ? Prenez pleinement conscience de vous-même et de votre corps sans juger votre état.

## ÉTAPE 6 :
## Soyez bienveillant envers vous-même

Vos pensées vont vagabonder et vous allez vagabonder avec elles. C'est parfaitement normal. Montrez-vous bienveillant envers vous-même lorsque vous remarquez que vous avez perdu le fil de votre respiration ; revenez tout simplement au moment présent et réorientez votre attention sur votre souffle sans vous juger.

## ÉTAPE 7 :
## Devenez l'observateur de vos pensées

L'un des objectifs de vos séances de méditation est de réaliser que vous n'« êtes » pas vos pensées, mais l'énergie avec laquelle les pensées peuvent vous traverser. Vous êtes la conscience infinie capable d'observer les pensées et donc de s'en distancier. Pendant que vous méditez, essayez cet exercice tout simple : imaginez que chaque pensée est un nuage qui passe dans le ciel. Vous êtes le ciel infini que les nuages traversent et vous pouvez observer leurs différentes formes en toute sérénité.

*« Ce n'est pas ce qui se passe autour de vous qui détermine votre santé, vos finances, vos relations ou votre réussite, mais uniquement ce qui se passe à l'intérieur de vous. Alors activez votre part spirituelle ! »*

## Étape 3 : prise de conscience de l'énergie universelle

Le plus beau cadeau que nous offre la méditation? Nous rendre compte qu'en réalité nous ne sommes ni Foutaises FM ni aucune autre station de radio. À la troisième étape, nous prenons conscience de notre essence véritable et du divin en nous. Nous nous ouvrons pour nous brancher à l'énergie universelle et sentons que nous sommes en vérité l'énergie qui fait fonctionner la radio sur laquelle se trouve la fréquence de Foutaises FM. Si vos pensées sont des ampoules électriques, vous n'êtes pas ces ampoules, mais l'électricité qui leur permet de s'allumer. Votre conscience pure n'est pas la fréquence, mais la source de la vibration. Grâce à cette prise de conscience de notre véritable essence, de la lumière en nous et de l'énergie universelle, notre image de nous-mêmes se transforme, nous quittons l'illusion de ne pas être à la hauteur pour incarner la présence divine qui habite chacun d'entre nous. La dualité est abolie dès l'instant où nous prenons conscience de notre véritable puissance créatrice et sentons que nous sommes tous reliés les uns aux autres. Tandis qu'à la première étape le monologue intérieur était dévalorisant et peut-être même partiellement autodestructeur, le langage change à la troisième étape pour devenir une acceptation de soi bienveillante, responsabilisante et valorisante. Nous ouvrons la voie à la guérison de vieilles blessures qui nous avaient fait adhérer à l'illusion de la séparation. Et, à travers cette guérison, nous laissons s'installer une nouvelle énergie, ainsi qu'un sentiment de connexion et de proximité. Nous abandonnons la tendance de l'ego à tout dramatiser et commençons à donner forme à une nouvelle réalité. Un peu comme si nous faisions de nouvelles plantations dans un jardin : nous arrachons les mauvaises herbes et semons en toute conscience en vue de récolter les fruits au printemps suivant.

## Exercice de la part spirituelle

### Transformez votre mantra intérieur

À l'étape de la prise de conscience de la vérité, nous apprenons à dialoguer avec nous-mêmes dans une nouvelle langue. Nous désapprenons la langue de l'ego et de l'auto-sabotage intérieur et apprenons à parler la langue de la part spirituelle, pleine de joie, d'amour, de sagesse et d'acceptation de soi.

Cet exercice va vous aider à intégrer votre nouveau langage dans votre vie et à faire comprendre à votre commentateur intérieur que vous méritez d'être traité avec respect. Vous allez ainsi passer de la ritournelle des doutes sur vous-même à un mantra d'amour de vous-même. Pour réaliser l'exercice, installez-vous devant un miroir, regardez-vous droit dans les yeux et prononcez les quatre phrases suivantes :

1. « [Votre prénom], je suis fier que tu… »

› Trouvez trois choses par jour dont vous êtes fier.

2. « [Votre prénom], je te pardonne de… »

› Pardonnez-vous chaque jour quelque chose dont vous vous sentez coupable.

3. « [Votre prénom], je te promets de... »

› Faites-vous une promesse sérieuse qui vous aide à rester connecté à votre part spirituelle.

4. « Je t'aime. »

› Regardez-vous avec amour et compassion.

Je vous recommande de pratiquer cet exercice tous les jours pendant six mois.

### Étape 4 : choisir l'amour et prendre conscience de l'unité

À la quatrième étape, nous plongeons totalement dans notre conscience véritable et illimitée et nous relions à la force spirituelle en nous. Nous ne voulons plus lutter une seconde de plus contre nous-mêmes ou contre le monde et aspirons, au contraire, à exprimer pleinement notre part spirituelle. C'est dans l'état de joie et de gratitude que nous avons envie de créer notre vie avec légèreté et que nous cessons de douter de notre valeur. À cette étape, nous rayonnons tellement que nous devenons un soleil pour les personnes de notre entourage. Nous permettons à notre âme de se déployer et de s'exprimer pleinement, et commençons à vouloir mettre notre énergie au service des autres pour faire la différence sur cette terre.

Grâce à l'élévation de notre niveau d'énergie ainsi qu'à la transformation de nos pensées et de notre image de nous-mêmes, nous parvenons à modifier peu à peu la structure de notre cerveau pour dissoudre de vieux schémas mentaux sclérosants.

Plus vous pensez souvent à quelque chose, plus vous multipliez les connexions neuronales liées à cette information dans votre cerveau. Ces connexions neuronales émettent un signal électrique dès qu'un stimulus extérieur en rapport avec cette pensée atteint votre cerveau. Vous pouvez vous représenter les connexions neuronales comme des milliers d'autoroutes imbriquées les unes dans les autres. Les autoroutes sur lesquelles les informations sont transmises le plus vite sont celles qui sont les mieux entretenues et les mieux reliées les unes aux autres, tandis que les informations qui circulent sur les autoroutes moins bien entretenues sont toujours prises dans des embouteillages ou se fourvoient dans des directions qui ne mènent nulle part. La bonne nouvelle, c'est que votre cerveau possède une capacité merveilleuse : la neuroplasticité. Cela signifie que nous pouvons modifier nos connexions neuronales en modifiant notre façon de penser.

*« Lorsque je vois le monde comme un lieu de liberté,*
*il m'apparaît clairement qu'il reflète les lois divines*
*et non les règles que j'ai inventées pour qu'il leur obéisse.*
*Je comprends alors que la paix l'habite, et non la guerre.*
*Du coup, je réalise que la paix habite aussi le cœur*
*de toutes les personnes qui partagent ce lieu avec moi. »*

■ Un cours en miracles

Lorsque nous sommes dans notre part spirituelle, nous accédons à notre force supérieure (celle de créer le monde à travers notre propre perception) et à notre capacité à pouvoir faire d'autres choix au cas où nous retomberions automatiquement dans de vieux schémas et des scénarios dramatiques. Nous comprenons que nous avons toujours le choix entre la paix et le drame et que chaque moment recèle une opportunité de guérison.

## Exercice de la part spirituelle
## La pause magique

*« Entre le stimulus et la réaction, il y a un espace, dans cet espace se trouve notre pouvoir de choisir notre réaction, et dans notre réaction se trouve notre croissance et notre liberté. »*

Viktor Frankl

Pour rompre l'automatisme de l'ego et, dans les situations difficiles, éviter de tomber aussitôt dans la dépréciation et le conflit, j'ai mis au point ce petit exercice merveilleux que vous pouvez pratiquer à tout moment de la journée : la pause magique.

Imaginez que vous êtes à une soirée et que vous voyez votre ami discuter avec son ex petite amie. Ils rient et semblent se comprendre au quart de tour. Immédiatement, votre jalousie est éveillée. Vous sentez que ce sentiment de jalousie prend possession de vous et vous submerge, brouillant votre pensée. Mais d'où provient ce sentiment ? Car au fond, il ne se passe rien de grave : ce sont juste deux personnes qui discutent ensemble. Votre jalousie vient du jugement que vous portez sur la situation. Peut-être êtes-vous traversée par une pensée du style : « Oh mon Dieu ! Et si jamais il l'aimait encore et se rendait compte qu'elle avait beaucoup plus d'humour que moi ? » ou « Ils ont vécu tellement de choses ensemble qui les relient, moi je ne peux pas faire le poids. »

Ce n'est donc pas la situation en soi qui déclenche votre souffrance, mais votre jugement sur cette situation. Si vous pratiquez la pause magique, vous pouvez transformer votre jalousie en un sentiment de lien profond avec votre ami et même avec son ex petite amie. Ne vous laissez pas décourager si cette pause magique ne fonctionne pas du premier coup. Il s'agit de vous entraîner à ne pas faire dépendre automatiquement votre réponse de vos jugements. Plus vous pratiquerez régulièrement cet exercice, plus il vous sera facile de ne plus vous laisser entraîner dans des scénarios dramatiques.

**La pause magique fonctionne très simplement et peut transformer toute situation en amour :**

1. Contentez-vous de percevoir l'émotion présente en vous, ne la jugez pas. Inspirez et expirez à fond.
2. Demandez-vous : « Que ferait l'amour dans ce cas-là ? »
3. Soyez conscient que ce sont vos pensées et vos sentiments qui créent votre propre réalité. Quelle réalité aimeriez-vous vivre ?

4. Comment la situation évoluerait-elle si vous choisissiez l'amour et non la peur ? Alors faites ce nouveau choix : celui de l'amour !

Pratiquez la pause magique à chaque fois que vous vous rendez compte que vous avez perdu le lien avec votre part spirituelle et que l'ego cherche à prendre le contrôle de la situation. Ici, le miracle est la transformation de votre énergie de peur en énergie d'amour.

## Méditation

## Je porte un regard bienveillant sur moi-même

Trouvez un endroit calme où vous ne serez pas dérangé pendant la méditation. Asseyez-vous confortablement et fermez les yeux. Faites trois cycles respiratoires en inspirant par le nez et en gonflant le ventre, puis en expirant par la bouche.

Laissez votre respiration retrouver son rythme naturel et portez toute votre attention sur l'extrémité de votre nez. Observez le flux d'air léger qui frôle vos narines à chaque inspiration et à chaque expiration. Peut-être pouvez-vous aussi percevoir que l'air expiré est un peu plus chaud que l'air inspiré.

Au bout de 10 à 15 respirations, dirigez votre attention vers votre cœur. Inspirez et expirez à fond dans votre cœur et sentez son énergie. Sentez l'amour et la compassion qui l'habitent, et laissez la chaleur diffusée par l'amour circuler dans tout votre corps. Restez en lien avec votre cœur et imaginez maintenant que vous vous observez de l'extérieur. Regardez-vous assis en train de méditer, comme si ce n'était plus vous qui habitiez votre corps.

Imaginez que vous vous regardez avec les yeux d'une personne qui vous aime par-dessus tout et dont le regard est rempli d'amour et de compassion. Comme si vous étiez la septième merveille du monde. Imaginez que vous vous regardez pour la première fois sans vous faire de reproches et sans vous dévaloriser. Qui voyez-vous lorsque vous vous regardez avec les yeux de l'amour et de la compassion ? Que ressentez-vous en vous observant ? Imaginez maintenant que vous vous prenez dans les bras avec bienveillance et que vous vous serrez très fort. À travers cette étreinte, laissez une magnifique lumière d'or blanc, faite d'amour et de compassion, pénétrer dans votre cœur, puis repartir et se diffuser dans l'ensemble de votre corps jusqu'à ce que chacune de vos cellules en soit baignée. Visualisez cette lumière guérir tous les doutes et toutes les émotions négatives stockées dans votre corps et le renforcer.

Restez connecté à cette lumière pendant au moins 20 respirations. Imaginez qu'elle se renforce à chaque inspiration et que vous chassez toute votre négativité à chaque expiration. Puis redevenez présent à l'ensemble de votre corps par vos cinq sens, inspirez et expirez à fond et, dès que vous êtes prêt, rouvrez les yeux.

## Saisissez votre bonheur !

- Vous n'êtes ni vos pensées ni vos émotions ni vos sentiments. Vous êtes la conscience infinie dans laquelle naissent vos pensées, vos émotions et vos sentiments.
- Votre ego cherchera toujours à maintenir l'illusion de la séparation.
- Le langage de la part spirituelle est plein d'amour, de compassion, de joie et d'acceptation de soi.
- Le meilleur outil pour prendre conscience de ses propres pensées est la méditation.
- Profitez de la pause magique pour vous relier à l'énergie de votre part spirituelle.

### MANTRA :
### « ONG NAMO GURU DEV NAMO. »

Ce beau mantra signifie : « Je me relie à l'énergie cosmique et au noble chemin qui me fait passer de l'obscurité à la lumière. » Répétez ce mantra pour vous connecter à votre essence véritable aussi souvent que nécessaire et choisir la lumière plutôt que l'obscurité.

**Mes remarques et mes conclusions :**

..........................................................................................

..........................................................................................

..........................................................................................

..........................................................................................

..........................................................................................

..........................................................................................

..........................................................................................

..........................................................................................

..........................................................................................

..........................................................................................

..........................................................................................

..........................................................................................

..........................................................................................

..........................................................................................

..........................................................................................

..........................................................................................

........................................................................................

........................................................................................

........................................................................................

........................................................................................

........................................................................................

........................................................................................

........................................................................................

........................................................................................

........................................................................................

........................................................................................

........................................................................................

........................................................................................

........................................................................................

........................................................................................

........................................................................................

........................................................................................

........................................................................................

....................................................................................................

....................................................................................................

....................................................................................................

....................................................................................................

....................................................................................................

....................................................................................................

....................................................................................................

....................................................................................................

....................................................................................................

....................................................................................................

....................................................................................................

....................................................................................................

....................................................................................................

....................................................................................................

....................................................................................................

....................................................................................................

....................................................................................................

Vous ne marchez jamais seul. La force qui guide les étoiles vous guide aussi.

Shrii Shrii Anandamurti

# Comment transformer vos sentiments de peur en amour

Il était une fois une reine qui régnait sur un immense royaume. Mais parce qu'elle possédait déjà tout ce qu'elle pouvait désirer sans être jamais heureuse, elle rêvait d'un cadeau très particulier capable de lui redonner son équilibre intérieur à n'importe quel moment.

Alors, un jour, elle appela auprès d'elle la vieille femme la plus sage de sa cour et lui dit : « J'ignore pourquoi, mais bien que je possède tout ce dont je puisse rêver, je ne suis pas toujours heureuse. Je rêve d'un cadeau capable de m'offrir à chaque instant un équilibre intérieur et une paix intérieure profonde. »

La vieille femme très sage réfléchit des jours et des jours à la mission que la reine lui avait confiée. Puis elle se rendit chez l'orfèvre et lui demanda de forger un anneau d'or tout simple pour la reine. Elle remit l'anneau à la reine qui, sur le moment, ne comprit pas en quoi l'anneau pouvait l'aider à trouver la paix intérieure.

Alors la vieille femme lui dit : « Regardez ce qui est inscrit dans l'anneau. » La reine lut à haute voix les mots gravés : « Cela aussi, ça va passer. »

Les sentiments sont de l'énergie qui circule à travers notre corps. Ils apparaissent, nous traversent et se transforment à nouveau. Ce n'est que parce que nous nous y accrochons ou cherchons à nous en débarrasser lorsqu'ils nous sont désagréables que nous entravons le flux naturel de l'énergie et sommes incapables de recevoir leur message. Aucun sentiment ne dure toujours, c'est nous qui le retenons. Nos sentiments sont notre boussole interne : ils nous indiquent si nous sommes en accord avec notre part spirituelle ou si nous nous fourvoyons. Ils sont comme la couleur dans laquelle nous voyons notre vie. Clairs ou foncés, ils nous informent sur notre climat intérieur et sur notre environnement. En même temps, ils déterminent la fréquence énergétique sur laquelle nous émettons et recevons dans l'univers. Avec nos pensées, nous envoyons l'information subtile et, avec nos émotions, nous en retirons l'énergie manifestée dans notre vie. Vous pouvez considérer vos émotions et l'énergie qu'elles font naître comme une monnaie : plus votre énergie et votre fréquence émotionnelle sont élevées, plus vous recevez de l'univers.

Au cours de la quatrième semaine de mon séjour au Cap, j'ai reçu un courriel d'une amie avec pour objet : «Laura, tu devrais regarder cela» et un lien vers le profil d'un coach que je connaissais personnellement. Et qu'ai-je découvert? Un homme qui avait repris pour lui chacun de mes contenus et de mes concepts. Il avait copié presque mot pour mot la quasi-totalité des textes de mon site Web et utilisé le concept de mon cours en ligne, ainsi que l'ensemble des contenus de mon podcast pour réaliser le sien. En faisant défiler sa page et en écoutant son podcast, je n'arrivais pas à y croire et sentais la colère monter en moi. J'avais le sentiment de m'être fait avoir et il était incroyablement blessant pour moi non seulement de voir que ce coach ne mentionnait nulle part que ces idées ne venaient pas de lui mais aussi qu'il ne m'en ait même pas parlé auparavant. En colère et déçue, je me suis dirigée vers la plage et j'ai regardé la mer. Il m'est venu à l'esprit que parfois nous pouvions être dans le plus bel endroit du monde mais avec des pensées et des émotions si négatives que nous devenions soudain incapables de percevoir toute cette beauté autour de nous. Le monde extérieur est toujours le reflet de notre monde intérieur. Je me suis assise sur le sable et j'ai réfléchi à ce que je pouvais faire de mieux pour sortir le plus vite possible de cet état négatif. En observant les vagues, la manière dont elles roulaient régulièrement sur le rivage, il m'est venu l'idée suivante : et si l'univers voulait me dire quelque chose ? Et s'il essayait de me faire comprendre qu'il était temps pour moi d'aller plus loin et de développer quelque chose de nouveau ? De canaliser mon énergie dans ce que j'avais envie de créer et non dans des choses qui ne me plaisaient pas ? J'ai laissé cette pensée prendre le temps de pénétrer dans mon cœur et senti qu'elle était juste. J'ai senti mon corps se détendre, ma cage thoracique se relâcher et j'ai retrouvé ma capacité à percevoir de nouveau la beauté de cet instant, là, devant la mer. J'ai respiré à fond et décidé que dans les prochains jours j'allais orienter consciemment mon énergie vers la création de quelque chose qui aiderait encore davantage de gens que tout ce que j'avais proposé jusqu'à présent.

Deux jours plus tard, je suis allée assister à une messe gospel, le soir, dans une église du centre-ville du Cap. Je n'avais pas mis les pieds dans une église depuis dix ans et, comme vous pouvez l'imaginer, l'office religieux en Afrique du Sud n'est pas comme en Allemagne. Tous les fidèles dansent, chantent, célèbrent et prient ensemble. L'espace était rempli d'amour, de gratitude, de joie de vivre, et je voyais tous ces êtres se soutenir mutuellement face aux difficultés les plus diverses qu'ils rencontraient dans leur vie. En rentrant chez moi en voiture, je me suis dit que ce serait formidable s'il existait une messe de ce style en Allemagne dans le seul but de célébrer la vie, sans référence à une religion ni à un dieu particulier. J'essayais d'imaginer à quoi ressembleraient ce genre d'église et le formidable mouvement qui pourrait en résulter. Et si j'organisais cela, tout simplement ? Pour toucher un maximum de gens, je pourrais le faire en ligne ! C'est à ce moment-là qu'est né le « Spiritual Sunday ». Dès le dimanche matin suivant, je donnais mon nouveau séminaire en ligne auquel plus de 3000 participants s'étaient inscrits au cours de la première semaine. Depuis, le Spiritual Sunday a lieu tous les dimanches en ligne.

## Votre attention est ce que vous possédez de plus précieux

Au lieu de nous laisser emporter par des pensées et des émotions dramatiques, et de laisser les commandes à notre ego blessé, nous pouvons profiter de toute situation, aussi difficile soit-elle, pour nous relier à notre part spirituelle et faire émerger du neuf. À travers cette situation, l'univers m'avait donné l'occasion d'apprendre quelque chose sur moi et de développer un concept nouveau qui aiderait encore plus d'hommes et de femmes. Le Spiritual Sunday était l'idée que le monde voulait voir naître et si j'ai pu la mener à bien, c'est uniquement parce que j'étais prête à mettre mon ego de côté et à comprendre l'opportunité cachée derrière mon échec apparent. Aujourd'hui, je remercie ce coach, car sans lui le Spiritual Sunday n'existerait probablement pas.

L'énergie circule là où nous dirigeons notre attention. Puisque notre énergie est le bien le plus précieux que nous possédions, nous devons absolument apprendre à diriger notre attention en toute conscience. À chaque fois que nous nous rappelons une expérience passée, notre attention est dans le passé (et notre énergie aussi). Par exemple, si vous êtes en colère depuis des années contre un patron qui vous a licencié, vous envoyez votre ressource la plus précieuse dans le passé à un individu qui n'a plus rien à voir avec le présent. Vous évoluez sur une basse fréquence énergétique et perdez l'énergie nécessaire pour manifester une autre réalité. De même, nous dirigeons notre énergie vers le futur lorsque nous anticipons un événement possible et portons notre attention dessus. En apprenant à maintenir notre attention dans le présent, nous avons toute notre énergie à disposition. Plus vous évoquez souvent un souvenir triste ou humiliant, plus vous consacrez d'énergie au passé et transformez votre propre vibration dans le présent. De même, lorsque vous vous inquiétez constamment de ce qui pourrait se passer dans l'avenir, vous attachez votre énergie dans le futur et vos sentiments se transforment négativement dans le présent. Vous pouvez déduire de votre ressenti, ainsi que de vos résultats et de vos expériences, la nature des pensées que vous avez eues et l'objet sur lequel vous avez dirigé votre attention. Nos sentiments et nos émotions dépendent de nos perceptions et de nos pensées. Nous pensons ce que nous ressentons et ressentons ce que nous pensons. Il n'y a pas un seul instant où nos pensées n'influencent pas notre corps et inversement. Ce n'est donc pas par hasard que nous éprouvons ce que nous éprouvons.

De la même façon que notre cerveau est façonné par nos pensées répétitives, notre corps est conditionné par nos émotions et nos sentiments récurrents. Au cours de notre vie, nous développons tous certains sentiments qui façonnent notre zone de confort émotionnelle et dans lesquels nous retombons régulièrement. Par exemple, je me rappelle très bien que, pendant longtemps, je ne supportais pas qu'on déplace un objet dans mon appartement ou qu'on ne le remette pas à sa place. Il pouvait s'agir de quelque chose d'aussi banal qu'un livre ou une tasse, mais pendant quelques secondes j'avais un terrible sentiment de perte de contrôle et je devais absolument remettre l'objet là où, selon moi, il devait être. Maintenant, j'ai tendance à en rire, mais je n'ai pas oublié le sentiment désagréable qui, dans ces moments-là, me submergeait et me faisait agir de façon irraisonnée. Aujourd'hui, je me rends compte que mon obsession du contrôle n'était en réalité que le symptôme de ma peur du changement. Ce délire de contrôle était ancré profondément dans mon corps et n'a disparu que lorsque j'ai supprimé et guéri sa vraie cause. Nos sentiments négatifs sont en vérité un cadeau de notre corps à notre âme qui nous rappelle plus ou moins fortement que nous ne sommes pas en harmonie avec notre essence véritable et que nous avons là l'occasion de nous défaire d'une vieille souffrance.

## À chaque instant vous avez l'occasion de guérir

*« Là où une fleur peut refleurir, ce sont des milliers de fleurs qui, un jour, pourront y pousser. »*

■ Phil Bosmans

Chaque instant où nous nous sentons attaqués, blessés, abandonnés ou transparents, chaque instant où nous agissons sous l'influence de l'ego, nous donne l'occasion de guérir et de nous relier à notre essence véritable. Tout sentiment négatif, que ce soit de la jalousie, de la colère, de la tristesse, de l'envie, de la peur ou de la honte, est une invitation de notre corps à regarder de plus près quelle vieille souffrance s'exprime là pour être guérie. Ou, à regarder de plus près, si nous n'agissons pas là contre notre part spirituelle. C'est par nos plaies et nos blessures encore à vif que la lumière peut atteindre notre cœur. Si nous voulons vivre dans notre lumière, nous devons aussi être prêts à accepter nos ombres. Ce n'est qu'à travers les ombres que nous pouvons nous voir lumineux et ce sont souvent les moments les plus sombres de notre existence qui peuvent faire surgir la plus grande lumière en nous. Dans notre fragilité personnelle se cache une beauté incroyable qui nous aide à avoir un rapport authentique à nos besoins et à nos expériences. C'est dans la guérison de nos blessures et notre volonté de nous unir à notre essence véritable que se cache notre croissance spirituelle. À chaque fois que vous parvenez à ouvrir votre cœur, même péniblement, et à aimer, malgré votre peur, vous renforcez votre connexion à votre part spirituelle et à la vraie grandeur de votre âme.

Le symptôme nous montre le chemin si nous sommes prêts à nous pencher sur le problème et à faire cesser les scénarios dramatiques. Au moment où nous nous laissons emporter et engloutir par l'émotion négative, nous devenons aveugles au message que cette émotion est venue nous livrer. Grâce à la pause magique, nous avons toujours le choix entre le trouble et l'harmonie. Peut-être ne pouvez-vous rien faire contre la première flèche empoisonnée qu'on vous envoie quand vous êtes attaqué et blessé de l'extérieur dans vos émotions, mais c'est vous qui vous envoyez la seconde flèche quand vous faites le choix de la négativité. Il y a des années, j'avais décidé d'écrire un jour un livre sur toutes les choses qui m'avaient aidée à accéder à ma pleine puissance et à guérir ma relation à moi-même. Ce qui m'était apparu jusque-là comme une idée géniale s'est transformé en montagnes russes émotionnelles lorsque mes doutes et mes peurs ont resurgi et que j'ai réellement entrepris la rédaction ce livre. Les premières semaines, je me sentais comme paralysée par la peur en essayant d'élaborer un plan. Ma station de radio, Foutaises FM, diffusait à fond dans mes oreilles et tous les jours me venaient des pensées du style : «Tu n'as aucune idée de la manière dont on écrit un livre!» ou «À l'école, tu n'avais que des mauvaises notes en orthographe» ou «Et si ce que tu écrivais n'aidait personne?» ou encore «Mais pour qui te prends-tu de vouloir écrire un livre?» Mon animateur sur Foutaises FM était très doué pour semer le doute en moi. Je me rappelais effectivement mes sales notes régulières en orthographe (du genre 8 sur 20) et mon prof de langue dire à mes parents : «J'ai bien peur que votre fille ne fasse aucun progrès dans ce domaine.» Mon livre faisait remonter toutes mes peurs de ne pas être à la hauteur. J'avais désormais deux options : céder à la peur et donner raison à mon animateur sur Foutaises FM ou regarder ma peur droit dans les yeux et guérir les pensées qui lui étaient associées et me faisaient douter de moi. J'ai opté pour la seconde solution et utilisé le processus d'écriture pour me libérer, mot après mot, de mes doutes.

Dans la vie, il nous arrive souvent d'attendre le moment de nous sentir prêts à faire quelque chose dont nous rêvons depuis longtemps. Il peut s'agir de l'envie de monter une entreprise, d'écrire un livre, de diffuser sa musique et de donner un concert ou de démissionner de son boulot pour se mettre à son compte. Le problème, c'est que nous ne nous sentirons jamais prêts. En réalité, ce n'est pas la peur qui nous bloque, mais d'attendre de ne plus avoir peur. Notre corps et notre cerveau ne sont pas faits pour nous déloger de notre zone de confort. Ce qu'ils veulent, eux, c'est que nous soyons en sécurité et que nous fassions toujours la même chose. À chaque fois que nous avons un nouveau projet de nature à nous faire sortir de notre zone de confort, le mécanisme automatique présent en chacun de nous s'enclenche et nous dit : « Tu n'es pas prêt. » Lorsque vous voulez faire quelque chose que vous n'avez encore jamais fait, vous ne vous sentez jamais mûr pour le faire. Les sentiments positifs viennent toujours après et les sentiments négatifs sont, en général, le signe évident que nous ne sommes pas dans notre part spirituelle.

Cela fait maintenant cinq mois que j'ai entamé l'écriture de ce livre et, au fil des pages, je me sens un tout petit peu plus prête et constate que je prends même plaisir à cet exercice. Ce que je n'aurais jamais imaginé au départ.

## Méthode miraculeuse : techniques de libération émotionnelle

*« Nous n'avons plus besoin de redouter les explications, les conflits et les problèmes avec nous-mêmes et avec les autres puisque même les étoiles se télescopent parfois pour donner naissance à d'autres mondes. Aujourd'hui je sais que c'est ça la vie ! »*

■ Charlie Chaplin

Les conflits intérieurs nous polissent comme des diamants. Ils nous servent à nous dépasser et à ne pas nous laisser guider par la peur et les doutes. Ce livre n'est pas seulement mon cadeau pour vous afin que vous puissiez guérir vos peurs et vos doutes, il était aussi un cadeau pour moi. Il a été l'occasion d'affronter mes propres peurs de ne pas être à la hauteur et d'essuyer des refus de l'extérieur. J'ai appris qu'il était absurde d'attendre que des sentiments positifs finissent par s'installer et, au contraire, que je pouvais me procurer des sentiments positifs en me mettant simplement à écrire et en contactant l'énergie de ma part spirituelle. Je suis toujours étonnée de voir la quantité d'énergie que nous investissons dans des sentiments négatifs et l'effet énorme que le stress et les pensées négatives peuvent avoir sur nos décisions, nos comportements et notre santé. Ma vie s'est complètement transformée le jour où j'ai appris à désamorcer aussitôt les sentiments négatifs et à hisser mes émotions à un niveau énergétique supérieur. Lorsque nous libérons l'énergie que nous avons associée au stress et à la peur dans nos cellules, nous disposons soudain d'un corps tout neuf chargé de puissance et de confiance. Nous ne sommes plus obnubilés par la question de savoir si nous sommes à la hauteur tels que nous sommes et cessons d'imaginer des scénarios dramatiques. Nous avons de toutes nouvelles capacités à notre disposition pour réfléchir à la contribution que nous voulons apporter au monde et aux services que nous pouvons rendre à nos semblables. Nous ne sommes plus focalisés sur notre petite personne, mais sur les autres. Imaginez un instant la quantité d'énergie supplémentaire dont vous disposeriez si vous ne vous faisiez pas constamment du souci ou ne vous laissiez pas stresser par des circonstances extérieures !

Dans la vie, chaque situation nous offre la possibilité de guérir nos peurs et de transformer nos émotions en amour et en compassion. Personnellement, j'utilise depuis des années les techniques de libération émotionnelles (connues en anglais sous l'acronyme EFT : *Emotional Freedom Techniques*) pour me débarrasser – et débarrasser mes clients en coaching – d'émotions négatives particulièrement intenses et de pensées dramatiques. Je me rappelle le coup de fil d'une ancienne collègue de travail avec laquelle j'avais travaillé plusieurs années en tant qu'agent artistique dans le domaine de la musique.

« Laura, nous avons une situation d'urgence ! L'un de nos musiciens donne ce soir un grand concert à l'occasion de la sortie de son nouvel album et il a une peur panique de monter sur scène, sa dernière apparition en public remontant à pas mal d'années. Peux-tu venir rapidement sur place ? Nous avons besoin de ta technique magique, comment s'appelle-t-elle déjà ? »

– Tu veux parler de l'EFT ?

– Oui, c'est ça ! »

Une heure plus tard j'étais assise à côté du musicien. Et en l'espace d'une heure, nous avons fait tomber sa peur, qu'il évaluait à une intensité de 9 (sur une échelle de 10) à 2. Le soir-même, il donnait le concert de sa vie et se sentait très détendu, on aurait dit qu'il enchaînait les concerts depuis des années !

Ce n'est qu'un exemple parmi bien d'autres de l'efficacité de l'EFT pour combattre les attaques de panique en un temps record et aider les individus à surmonter leurs traumatismes ou leurs chagrins d'amour. L'avantage de cette technique, c'est qu'une fois que vous avez compris son fonctionnement, vous n'avez plus besoin de personne pour vous accompagner. Vous pouvez l'appliquer seul sans aucun risque de vous tromper et elle vous permettra de développer une meilleure compréhension de votre corps et de vos sentiments.

L'EFT a été mise au point par l'Américain Gary Craig et constitue une méthode incroyablement efficace pour lever très rapidement des blocages énergétiques en associant l'acupression et la neurologie. Elle part du principe que les émotions négatives trouvent leur origine dans un blocage des énergies circulant à travers le corps. L'EFT contribue donc à dissoudre le blocage énergétique provoqué par une pensée ou un stimulus extérieur. Elle fait des miracles pour effacer les croyances sclérosantes, transformer les émotions négatives et faire évoluer les modes de comportement restrictifs. Des études scientifiques montrent que l'EFT est capable de diminuer de plus de 50 % la peur, le stress et la dépression au bout d'une heure seulement. Cette méthode repose sur la médecine traditionnelle chinoise et les différents méridiens (voies de circulation de l'énergie) du corps qui peuvent se retrouver bloqués suite à des événements traumatisants, par exemple. En tapotant des points précis sur le trajet des méridiens et en répétant certaines phrases, vous parvenez à rétablir la circulation énergétique dans votre corps.

## Exercice de la part spirituelle

### Lever des blocages énergétiques avec l'EFT

Vous pouvez utiliser avec succès l'EFT pour éliminer des émotions négatives, des peurs ou des doutes. Depuis que je travaille avec cet outil, j'ai mis au point trois phases :

#### • Phase 1 : Offrez toute votre attention à ce que vous éprouvez

Définissez l'émotion qui vous pose problème et que vous souhaitez travailler avec l'EFT, puis évaluez l'intensité de cette émotion problématique sur une échelle de 1 à 10 (10 étant l'intensité la plus forte).

Commencez à tapoter certains points énergétiques en vous concentrant sur votre problème et en essayant de décrire cette émotion négative (répétez trois à cinq fois le tapotement de l'ensemble de ces points). À ce stade, il peut être bénéfique que les émotions sortent et que les larmes vous viennent ou que votre corps réagisse d'une manière ou d'une autre à l'élimination des blocages énergétiques.

#### • Phase 2 : Autorisez-vous à avoir cette émotion

Réévaluez l'intensité de l'émotion que vous tapotez et, lorsque vous percevez une première détente dans votre corps, continuez de tapoter les mêmes points mais en changeant de discours : au lieu de décrire votre émotion, dites que vous l'acceptez.

### • Phase 3 : Renforcez la confiance et l'amour

Dès que vous sentez que les blocages se lèvent et que l'intensité de votre émotion a diminué (par exemple, elle peut tomber de 8 à 3), prononcez des phrases positives et fortifiantes pour orienter l'énergie vers une nouvelle direction positive.

Pour commencer à pratiquer l'EFT, trouvez un endroit calme où vous ne serez pas dérangé durant la prochaine demi-heure et évaluez l'intensité de votre problème ou de votre émotion sur une échelle de 0 à 10 (0 = problème résolu et 10 = émotion maximale). Avec vos propres mots, décrivez votre ressenti (peur, doute, tristesse, etc.) et essayez de le localiser dans votre corps. (Exemple : « Je sens la peur d'écrire un livre dans mon ventre qui me fait mal et j'ai l'impression d'avoir des pierres sur la poitrine qui m'empêchent de respirer. Sur une échelle de 0 à 10, j'évalue ma peur à 7. »)

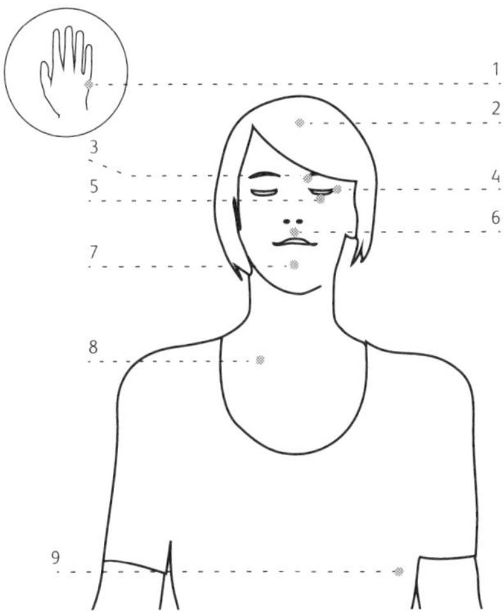

## Phase 1

La première série de tapotements commence par le **point situé sur le tranchant de la main (point n° 1 du schéma)**. Peu importe que vous utilisiez votre main droite ou votre main gauche. Tapotez ce point le temps de prononcer vos phrases. Dès que vous avez fini, passez directement au suivant.

Répétez la phrase suivante en tapotant légèrement ce point n° 1 avec trois doigts :

*« Même si j'ai peur de..............................................* (complétez la phrase par la peur ou l'émotion négative qui vous pose problème), *je m'aime et m'accepte tel(le) que je suis. »* (Exemple : *« Même si j'ai peur d'écrire mon livre, je m'aime et m'accepte telle que je suis. »*)

À présent, passez au **sommet de votre crâne (point n° 2 du schéma)** :

*« Même si je suis/je me sens/j'ai..............................* (décrivez votre peur ou votre émotion négative), *je m'aime et m'accepte tel(le) que je suis. »* (Exemple : *« Même si j'ai mal au ventre à cause de ma peur, je m'aime et m'accepte telle que je suis. »*)

Puis descendez à la **base du sourcil (point n° 3 du schéma)** :

*« Même si je suis/je me sens/j'ai...................................* (décrivez votre peur ou votre émotion négative), *je m'aime et m'accepte tel(le) que je suis. »* (Exemple : *« Même si j'ai peur de ce que les autres vont penser, je m'aime et m'accepte telle que je suis. »*)

Tapotez le **coin externe de l'œil/la tempe (point n° 4 du schéma)** :

*« Même si je suis/je me sens/j'ai*............................. (décrivez votre peur ou votre émotion négative), *je m'aime et m'accepte tel(le) que je suis.»* (Exemple : *« Même si j'ai l'impression d'étouffer et d'avoir des pierres sur la poitrine, je m'aime et m'accepte telle que je suis.»*

Descendez **sous l'œil (point n° 5 du schéma)** :

*« Même si je suis/je me sens/j'ai*............................. (décrivez votre peur ou votre émotion négative), *je m'aime et m'accepte tel(le) que je suis.»* (Exemple : *« Même si je doute énormément de ma capacité à écrire ce livre, je m'aime et m'accepte telle que je suis.»*)

Descendez **sous le nez (point n° 6 du schéma)** :

*« Même si je suis/je me sens/j'ai*............................. (décrivez votre peur ou votre émotion négative), *je m'aime et m'accepte tel(le) que je suis.»* (Exemple : *« Même si j'ai peur de faire une erreur, je m'aime et m'accepte telle que je suis.»*)

Descendez **sous la bouche/sur le menton (point n° 7 du schéma)** :

**« Même si je suis/je me sens/j'ai**............................. (décrivez votre peur ou votre émotion négative), *je m'aime et m'accepte tel(le) que je suis.»* (Exemple : *« Même si* *j'ignore totalement comment on écrit un livre et si j'en suis capable, je m'aime et m'accepte telle que je suis.*»)

Descendez plus bas, **sous la clavicule (point n° 8 du schéma)** :

«*Même si je suis/je me sens/j'ai*............................... (décrivez votre peur ou votre émotion négative), *je m'aime et m'accepte tel(le) que je suis.*» (Exemple : «*Même si je suis convaincue de ne pas être à la hauteur pour écrire un livre, je m'aime et m'accepte telle que je suis.*»)

Enfin, tapotez le **bord extérieur de vos côtes (point n° 9 du schéma)** :

«*Même si je suis/je me sens/j'ai*............................... (décrivez votre peur ou votre émotion négative), *je m'aime et m'accepte tel(le) que je suis.*» (Exemple : «*Même si j'ai peur de ne pas satisfaire certains critères extérieurs, je m'aime et m'accepte telle que je suis.*»)

Après avoir terminé votre première série de tapotements, inspirez et expirez à fond. Sentez ce qui se passe à l'intérieur de vous. Réévaluez votre peur ou votre émotion négative sur l'échelle de 1 à 10. Répétez cette série de tapotements jusqu'à percevoir une détente corporelle et un apaisement de vos émotions.

### Phase 2

La deuxième phase commence, là aussi, avec le tapotement du **tranchant de votre main**. De la description de votre émotion, vous passez à son acceptation. Par exemple :

*« À vrai dire, j'accepte que la peur soit là. Elle veut juste me protéger. »*

**Sommet du crâne** : *« Je peux supporter la peur et la percevoir dans mon corps. »*

**Base du sourcil** : *« Ma peur veut juste faire attention à moi et me protéger. »*

**Coin externe de l'œil/tempe** : *« Peut-être que ma peur veut me montrer quelque chose ? »*

**Sous l'œil** : *« J'accepte de m'ouvrir à l'amour qui se cache derrière ma peur. »*

**Sous le nez** : *« Mon corps m'aide à identifier mes peurs et à les dissoudre. »*

**Sous la bouche/sur le menton** : *« Je remercie mon corps de m'aider à faire disparaître mes peurs. »*

**Sous la clavicule** : *« J'accepte d'éprouver de la peur. Même avec la peur, je peux vivre mes rêves. »*

**Sur le bord extérieur des côtes** : *« Je suis prête à lâcher. »*

## Phase 3

La troisième phase élimine l'émotion négative et la transforme en amour et en confiance. Ici, nous n'employons que des affirmations positives et fortifiantes.

Là encore, vous commencez par tapoter le **tranchant de votre main** :

*« Je me fais confiance et m'aime tel(le) que je suis. »*

**Sommet du crâne** : *« Je suis protégé(e) et aimé(e). »*

**Base du sourcil** : *« Le monde est un lieu sûr pour moi. »*

**Coin externe de l'œil/tempe** : *« Je me fais confiance et je crois en mes capacités. »*

**Sous l'œil** : *« Je remercie mon courage et ma force intérieure. »*

**Sous le nez** : *« Je peux avancer dans la vie rempli(e) de légèreté et d'amour. »*

**Sous la bouche/sur le menton** : *« Je n'ai rien à prouver. Je suis bien tel(le) que je suis. »*

**Sous la clavicule** : *« L'amour me guide en toute sécurité. »*

**Sur le bord extérieur des côtes** : *« Je m'aime et m'accepte tel(le) que je suis. »*

Je vous conseille d'établir une liste de toutes les croyances négatives et de toutes les peurs dont vous voulez vous débarrassez. Utilisez l'EFT pour parvenir peu à peu à les dissoudre en les tapotant, à lever vos blocages énergétiques et à apaiser votre système nerveux.

## Comment refaire circuler l'énergie dans vos chakras

Grâce à l'ayurvéda, la médecine traditionnelle indienne, nous savons que nous avons sept centres énergétiques principaux, les chakras, dans notre corps. Nos chakras sont disposés en colonne, depuis la base de notre colonne vertébrale jusqu'au sommet de notre crâne, et gouvernent la réception et la transmission de notre énergie vitale. Chaque chakra est en correspondance avec un domaine de vie, une couleur et un mantra vibratoire.

Le premier chakra est le chakra racine (en sanskrit : *muladhara*). Il est responsable de notre connexion énergétique à la terre, de notre ancrage, et représente la confiance totale, la stabilité et la volonté de vivre. Il constitue la base, le socle de tous les autres chakras. Le chakra racine se situe à hauteur de notre coccyx, il est associé à la couleur rouge et sa vibration est « Laam ».

Le deuxième chakra est le chakra sacré (en sanskrit : *svadhisthana*). Il gouverne notre créativité, notre sensualité et notre sexualité. Il est le centre de l'énergie féminine et essentiel à la reproduction. Il est situé à deux largeurs de doigt sous le nombril. La couleur orange et la vibration « Vaam » lui sont associées. Le chakra sacré recèle notre potentiel créateur, notre force créatrice qui n'est pas encore révélée mais qui ne demande qu'à l'être.

Le troisième chakra est le chakra du plexus solaire (en sanskrit : *manipura*). Il est situé au centre de notre corps, à hauteur du plexus solaire. Il représente notre capacité à agir, à réaliser nos objectifs, mais aussi notre force de volonté et notre confiance en nous. Particulièrement riche en énergie, il rayonne tel un soleil dans l'ensemble de notre corps. Sa couleur est le jaune et sa vibration « Raam ».

Le quatrième chakra est le chakra du cœur (en sanskrit : *anahata*). Il est situé au milieu de notre poitrine et contrôle notre capacité à éprouver de la compassion, de l'humanité et de l'amour. Il constitue le centre de l'ensemble du système des chakras et l'énergie qu'il émet repose sur l'altruisme. Il correspond à la couleur verte et à la vibration « Yaam ».

Le cinquième chakra est le chakra de la gorge (en sanskrit : *vishuddha*). Il correspond à notre force d'expression individuelle, à notre vérité personnelle, ainsi qu'à notre capacité à communiquer nos sentiments et nos pensées. Il est situé au creux du cou et relie le chakra du cœur au chakra frontal, c'est-à-dire la pensée au ressenti. Sa couleur est le bleu et sa vibration « Haam ». Il est important d'ouvrir le chakra de la gorge pour nous relier à notre part spirituelle et exprimer notre vérité personnelle.

Le sixième chakra est le chakra frontal (en sanskrit : *ajna*) ou chakra du troisième œil. Il est situé au milieu du front et représente la source de la conscience, de la connaissance de soi, de l'intuition et de la sagesse intérieure. Il est associé à la couleur violette ou mauve et à la vibration « Shaam ».

Le septième chakra est le chakra coronal (en sanskrit : *sahasrara*). Il est situé au sommet de notre crâne et représente notre accès à l'univers et à l'énergie cosmique qui relie tout. Sa couleur est la lumière blanche ou l'or blanc et sa vibration est « Om ».

Les méditations sur les chakras nous aident à les ouvrir et à relancer la circulation de l'énergie qu'ils renferment. Au cours de la séance de méditation, nous dirigeons notre attention sur les sept chakras, les uns après les autres en commençant par le premier, et visualisons leurs couleurs. Personnellement, j'associe une affirmation positive à chacun des sept chakras pour favoriser leur ouverture.

Méditation

## Méditation sur les chakras pour débloquer les énergies

Asseyez-vous confortablement, fermez les yeux, puis inspirez et expirez à fond. Pendant quelques respirations, restez connecté à votre souffle et dirigez votre attention sur l'extrémité de votre nez. Observez le léger flux d'air qui frôle vos narines à chaque fois que vous inspirez et expirez.

Puis concentrez-vous sur votre chakra racine. Imaginez qu'à chaque inspiration une lumière rouge, magnifique et bienfaisante, s'allume au niveau de votre coccyx et s'épanouit comme une fleur de lumière. À chaque respiration, laissez cette lumière devenir plus forte et plus intense. Répétez dans votre tête l'affirmation suivante : « Je fais confiance. » Imaginez ces mots se diffuser et atteindre votre chakra racine, comme si vous jetiez une pierre dans un lac et que des ondes concentriques se propageaient dans l'eau. Restez connecté à votre chakra racine pendant dix respirations en laissant la lumière rouge s'intensifier encore et en répétant les affirmations positives.

Puis orientez votre attention vers votre chakra sacré situé à deux largeurs de doigt sous votre nombril. Imaginez qu'une lumière orange d'une beauté et d'une puissance extraordinaires se répand à cet endroit et devient encore plus vive et brillante à chaque respiration. Associez à ce chakra l'affirmation suivante : « Je suis complet. » Imaginez vos mots se propager, telles des ondes, dans cette partie de votre corps et restez connecté à la couleur orange et à votre affirmation positive pendant vos dix prochaines respirations.

À présent, focalisez votre attention sur le chakra du plexus solaire et visualisez une fleur de lumière d'un jaune radieux s'ouvrir autour de votre plexus solaire et faire rayonner tout le centre de votre corps. Associez-y l'affirmation : « Je suis puissant » et laissez l'énergie de ces mots se lier à la lumière jaune. Au bout de dix respirations concentrées sur le chakra du plexus solaire, orientez votre attention vers le chakra du cœur.

Reliez-vous à l'énergie et à l'amour dans votre cœur. Imaginez une puissante lumière vert émeraude se diffuser dans toute votre cage thoracique, puis rayonner dans l'ensemble de votre corps à partir de votre cœur. Pendant les dix respirations suivantes, associez à cette lumière verte l'affirmation suivante : « Je suis rempli d'amour et de compassion. » Sentez la connexion bienfaisante à votre chakra du cœur et laissez la lumière verte s'intensifier encore.

À partir de là, dirigez votre attention vers le chakra de la gorge associé à votre capacité d'expression. Visualisez une lumière bleu clair émaner de votre larynx et se diffuser dans toute la région de votre cou et de votre gorge. À chaque nouvelle respiration, laissez cette lumière redoubler d'éclat et d'intensité. Puis, au cours des dix respirations suivantes, répétez cette affirmation : « Je m'exprime pleinement. »

Maintenant, focalisez-vous sur votre « troisième œil » situé entre vos sourcils et reliez-vous à votre chakra frontal. Laissez une merveilleuse lumière mauve rayonner derrière votre front et vous connecter à votre sagesse intérieure et à votre intuition. Alors que cette lumière se diffuse dans votre tête, répétez l'affirmation positive suivante : « Je reconnais mon moi véritable. » Au bout de dix respirations concentrées sur votre chakra frontal, dirigez votre attention vers votre chakra coronal situé au sommet de votre crâne.

Imaginez une magnifique lumière de la couleur de l'or blanc jaillir du sommet de votre crâne et vous relier au cosmos. Pendant les dix respirations suivantes, associez à cette lumière l'affirmation : « Je suis relié. »

Enfin, concentrez-vous à nouveau sur votre souffle et sur vos narines, respirez encore trois fois à fond, connectez-vous à votre énergie corporelle et, dès que vous vous sentez prêt, rouvrez les yeux.

## La réponse est déjà en nous. Nous devons simplement apprendre à l'entendre.

*« L'intuition est la source de la connaissance scientifique. »*

▪ **Aristote**

Peu avant la fin de mon master, j'ai reçu une offre d'emploi particulièrement alléchante d'un PDG qui montait son entreprise dans une petite ville du sud de l'Allemagne et cherchait un collaborateur (ou une collaboratrice). J'étais rentrée à Berlin après mon séjour aux États-Unis et j'envisageais de terminer mon master pour devenir coach à mon compte aussi rapidement que possible. Comme souvent, l'univers nous met à l'épreuve de savoir où nous en sommes sur notre propre chemin – sommes-nous vraiment aussi avancés que cela ? – et si nous prenons notre rêve au sérieux. Je me rappelle comme si c'était hier que mon intuition m'avait clairement déconseillée d'accepter ce poste, mais mon ego se réjouissait à l'idée de gagner beaucoup d'argent encore pendant mes études, de posséder une voiture de fonction et d'accéder à un statut de cadre. Alors j'ai dit oui même si, au moment de signer le contrat, je savais déjà que je prenais l'une des décisions les plus stupides de toute ma vie. Un an plus tard, j'étais en dépression nerveuse, assise dans le loft très chic que j'avais loué, à pleurer comme une madeleine.

Je ne m'étais jamais sentie aussi vide de mon existence. Ce poste m'avait complètement épuisée et, tous les matins, j'avais une peur panique d'aller au travail parce que je me sentais comme un poisson rouge dans un bassin de requins. Chaque journée passée au bureau me pompait toujours un peu plus d'énergie. Chaque cellule de mon corps me signalait que je m'étais complètement fourvoyée et que je n'aurais jamais dû accepter ce poste. Je m'étais laissée tenter et avais agi contre mon intuition qui, pourtant, m'avait parlé très clairement. Malheureusement, nous avons parfois besoin d'un effondrement total pour y voir de nouveau clair en nous et savoir qui nous sommes vraiment et qui nous ne sommes pas. Un matin, je suis retournée au bureau, j'ai donné ma démission, j'ai remballé mes affaires et j'ai réintégré mon joli petit T1 dans le quartier berlinois de Kreuzberg. Même si j'aurais préféré ne pas faire cette expérience qui ne m'a rien apporté de positif, cette année « en exil », comme je l'appelle avec bienveillance depuis, m'a pourtant ouvert les yeux, me rappelant qui je suis et combien il est important d'écouter son intuition.

Nos sentiments et nos émotions sont notre GPS intégré et notre intuition est la langue dans laquelle nous pouvons les lire. Lorsque nous sommes capables de lire et d'interpréter correctement nos sentiments et nos émotions, ils nous aident à avancer sur le chemin d'épanouissement de notre âme. À travers notre intuition, nous obtenons la réponse enfouie dans la partie la plus élevée de nous-mêmes. L'intuition nous relie à notre cœur; elle nous aide à vivre notre véritable destinée et à trouver notre chemin singulier. En retournant à Berlin, je savais parfaitement quel était mon chemin parce que j'avais vu celui qu'il n'était pas. Définitivement. Cette expérience d'avoir emprunté une voie de garage pendant un temps m'a aidée à reconnaître la bonne voie pour moi et à avoir le courage de la suivre.

Nous avons déjà toutes les réponses en nous. Notre intuition nous demande d'ignorer les peurs et les désirs de l'ego et d'écouter toujours plus clairement la voix de notre cœur.

## Comment accéder à votre intuition avec la méthode en cinq étapes

Après avoir payé le prix fort de ne pas avoir écouté les paroles sans équivoque de mon intuition, je ne voulais plus refaire la même erreur, évidemment. C'est pourquoi j'ai développé et peaufiné au fil des années l'accès à mon intuition et appris à décoder mes sentiments et mes émotions. Aujourd'hui, quand je dois prendre une décision importante ou que j'ai besoin d'une réponse, j'utilise la méthode suivante pour me relier à mon intuition.

### Étape 1 : questionner son cœur

La première étape consiste à utiliser votre raison pour poser une question à votre cœur. Celle-ci doit être la plus claire possible. À l'époque, j'aurais pu demander à mon cœur : « Suis-je en accord avec ma part spirituelle si j'accepte cette offre d'emploi ? » J'obtiens d'excellents résultats en notant ma question sur un bout de papier le soir avant de m'endormir et en demandant à l'univers de me répondre. Le lendemain matin, dès le réveil, je prends le bout de papier et je note la première réponse qui me vient, comme ça, sans réfléchir. Très souvent, cette première réponse est assez claire.

### Étape 2 : surveiller son énergie

Les intuitions peuvent nous parvenir sous les formes les plus variées. Le plus souvent, elles nous parlent à travers notre corps. Lorsque la décision à prendre est dans notre intérêt et en accord avec notre part spirituelle, elle augmente notre énergie et nous apporte un bien-être. Dans le cas contraire, elle nous enlève de l'énergie et met notre corps en tension. Au moment où vous posez votre question, soyez attentif à votre énergie : se transforme-t-elle, et si oui, comment ? Le test musculaire de la kinésiologie peut aussi être utilisé avec succès ici pour voir si votre corps réagit positivement ou négativement à votre décision.

### Étape 3 : respirer un bon coup

Notre intuition est affaiblie lorsque nous avons peur ou échafaudons des scénarios dramatiques. Nous activons alors automatiquement notre réponse de lutte, de fuite ou d'immobilisation et, trop occupés à assurer notre survie, n'entendons pas notre intuition. C'est pourquoi il est important d'apaiser votre système nerveux en inspirant et en expirant à fond. Je pratique volontiers un exercice formidable, celui de la respiration alternée, qui contribue à maintenir l'équilibre émotionnel. Avec votre pouce, bouchez votre narine droite et inspirez profondément par la narine gauche. Puis, avec votre annulaire, bouchez votre narine gauche et expirez, puis inspirez profondément par la narine droite. Recommencez : bouchez votre narine droite avec votre pouce, puis expirez et inspirez de nouveau par la narine gauche. Puis bouchez votre narine gauche et ainsi de suite. Répétez cet exercice respiratoire pendant au moins 5 minutes.

### Étape 4 : méditer

Notre intuition nous parle le plus fort lorsque nous sommes paisibles. C'est au cours de mes méditations, quand mon esprit est calme et que mon cœur s'ouvre, que je reçois les meilleures réponses de mon intuition. « Lorsque nous prions, nous parlons à Dieu. Lorsque nous méditons, nous écoutons Dieu. » Dans vos méditations, visualisez la manière dont vous avez obtenu votre réponse et sentez cette gratitude d'avoir été en lien avec la source de votre intuition. La gratitude est notre état de réceptivité suprême. Lorsque vous êtes capable de la sentir à l'intérieur de vous au moment où vous obtenez la réponse à votre question, c'est que c'est la bonne réponse.

**Étape 5 : se faire confiance**

Lorsque notre intuition nous parle, elle le fait toujours par amour pour nous et avec l'intention de nous aider à suivre notre chemin unique et véritable. C'est rarement le chemin le plus facile parce qu'il faut beaucoup de courage pour suivre la voie du cœur. L'intuition nous attend de l'autre côté de la rive de la sécurité et nous invite sans cesse à nous dépasser et à suivre la route qui est la nôtre. Puisque notre âme est sur terre pour faire ses expériences et s'exprimer pleinement, il n'est pas dans son intérêt que nous demeurions dans notre zone de confort. Dès que vous avez entendu la voix de votre intuition et reçu sa réponse, faites-vous confiance et suivez-la, même si cela vous semble difficile. Parfois le chemin facile peut se compliquer, et le chemin compliqué devenir facile.

## Saisissez votre bonheur !

- À tout moment, vous pouvez arrêter de dramatiser et faire le choix de la paix intérieure.
- Les crises sont toujours l'occasion de laisser émerger du neuf.
- Chaque instant renferme une possibilité de guérison. Les émotions ou les sentiments ne durent pas plus de 3 minutes – à moins que nous nous y accrochions.
- Différentes méthodes telles que l'EFT ou la méditation sur les chakras vous aident à dissoudre les blocages émotionnels dans votre corps en un temps record.
- Notre corps veut toujours nous maintenir dans notre zone de confort et essaie de nous manipuler par la peur. N'attendez pas de vous « sentir prêt » à suivre vos rêves car vous ne vous sentirez bien qu'après avoir fait le premier pas.

### MANTRA :
### « ONG NAMO GURU DEV NAMO. »

Ce merveilleux mantra signifie : « Je me relie à l'énergie cosmique et au noble chemin qui me conduit de l'obscurité vers la lumière. »
Répétez ce mantra pour vous relier à votre essence véritable dès que vous en ressentez le besoin – et pour choisir la lumière plutôt que l'obscurité.

## Mes remarques et mes conclusions :

...............................................................................................

...............................................................................................

...............................................................................................

...............................................................................................

...............................................................................................

...............................................................................................

...............................................................................................

...............................................................................................

...............................................................................................

...............................................................................................

...............................................................................................

...............................................................................................

...............................................................................................

...............................................................................................

...............................................................................................

...............................................................................................

Le bonheur est
une décision,
pas une expérience.
Vous pouvez décider
d'être heureux sans
ce dont vous pensiez
avoir besoin pour
l'être et vous le serez.
C'est l'une des choses
les plus importantes
à comprendre.

Neale Donald Walsch (*Conversations avec Dieu*)

# La décision la plus importante que vous pouvez prendre aujourd'hui

J'allais rejoindre mon ami en voiture et je faisais défiler les stations de radio pour trouver un reportage captivant ou une bonne chanson qui rendrait mon trajet à travers Berlin en pleine heure de pointe un peu plus intéressant. Soudain, je suis tombée sur une présentatrice qui parlait d'Hawaï. Et comme Hawaï est en tête de liste des endroits du monde que je compte bien visiter un jour, j'ai écouté avec curiosité. Dans l'émission, il était question d'un Hawaïen du nom d'Eddie Aikau dont l'histoire émouvante et incroyablement inspirante m'a tellement captivée qu'une fois arrivée devant le domicile de mon ami, je suis restée encore

20 minutes assise dans la voiture pour écouter la fin de l'émission.

Eddie Aikau est une légende à Hawaï. Cet homme a passé sa vie sur l'eau. Il était le sauveteur le plus courageux de l'île et aucune vague, même les plus grosses, ne l'effrayait. Eddie Aikau était aussi une légende du surf, un spécialiste des « Big Waves » qui osait monter sur sa planche même dans les conditions les plus dangereuses. D'ailleurs, il a remporté la quasi-totalité des compétitions de surf organisées sur l'île. En 1978, il rejoignit l'équipage qui, au départ d'Hawaï, voulait rallier Tahiti à bord de la pirogue ancestrale *Hokule'a* sans assistance technique. Le jour du départ, le port était rempli de milliers de gens venus dire au revoir à l'équipage. De nombreux discours retardèrent le départ si bien qu'il était déjà tard le soir lorsqu'une tempête éclata. Mais comme tout le monde s'était rassemblé pour voir la fameuse pirogue quitter le port, l'équipage décida de partir malgré la tempête.

À moins de 20 km seulement d'Hawaï, la tempête se déchaîna si violemment qu'elle fit chavirer la pirogue et deux des marins furent grièvement blessés. En l'absence d'assistance technique, Eddie proposa au capitaine de rejoindre l'île sur sa planche de surf pour aller chercher de l'aide. Le capitaine le pria d'attendre le lendemain matin et, si d'ici là, aucun secours n'était arrivé, il l'autorisait à retourner à Hawaï en pagayant sur sa planche. Le lendemain matin, aucune aide n'était en vue et l'état des blessés s'était encore aggravé dans l'eau froide.

Eddie décida alors de monter sur sa planche et de pagayer. L'équipage fut sauvé quelques heures plus tard… mais on ne revit plus jamais Eddie.

Depuis, il existe sur l'île le proverbe suivant : « *What would Eddie do? Eddie would go.* » (Que ferait Eddie ? Eddie se jetterait à l'eau.) Quoi qu'il arrive. Les Hawaïens relient ainsi l'esprit d'Aloha et la volonté de rayonner l'amour dans le monde, de se donner à fond pour son prochain et de faire ce qu'il faut malgré les difficultés.

L'histoire d'Eddie est un exemple pour moi : elle m'a donné le courage de prendre les bonnes décisions dans des situations difficiles et d'assumer les valeurs qui sont les miennes, même si sur le moment la décision à prendre était loin d'être facile. *Eddie would go* signifie « y aller », se mettre au service de quelque chose de plus grand, même si personne d'autre n'a ce courage.

## Décidez de faire ce qu'il faut même si c'est difficile

Si nous voulons faire honneur à notre part spirituelle et devenir de plus en plus celui ou celle que nous pouvons être en réalité, à un moment donné nous devons prendre la décision de ne plus voir ni faire les choses en petit, mais au contraire de nous engager dans ce que nous voulons changer dans le monde. Intuitivement, nous savons toujours quel est le bon choix à faire ; seules notre peur et notre raison essaient de nous maintenir dans un cadre étriqué et de nous empêcher de nous dépasser. Au départ, il n'est pas facile de prendre de telles décisions et de s'exposer à l'incertitude. Tout ce que nous savons, c'est que c'est le seul chemin qui vaille. En ouvrant les yeux chaque matin, la vie nous offre en cadeau 24 heures pour décider qui nous voulons être et qui nous ne voulons plus être. Chaque matin nous avons l'occasion de décider ce que nous voulons faire de notre vie. Nous pouvons laisser le passé au passé. Vous pouvez là, maintenant, faire de nouveaux choix, indépendamment de ce que vous avez vécu. L'instant présent est précisément le seul moment où vous pouvez transformer votre vie. Ce qui vous sépare encore de votre part spirituelle, c'est la décision à prendre de reconnaître votre potentiel illimité, de vous défaire de votre image de vous-même devenue obsolète et d'entrer dans l'énergie puissante de votre nouvel avenir. Le moment pour prendre cette décision est ici et maintenant. À chaque nouvelle respiration, nous pouvons choisir de changer de point de vue et de dépasser notre ancien moi. Vers quoi voulez-vous diriger votre attention à partir d'aujourd'hui? Dans quoi souhaitez-vous canaliser votre énergie? Décidez-le dès maintenant. Car là où nous mettons notre énergie, nous récolterons des fruits au-delà de nos espérances.

## Exercice de la part spirituelle

### Trois intentions pour votre journée

Gary Zukav écrit dans son livre *Le Siège de l'âme, au-delà des cinq sens* : « L'âme veut être libre. » Il explique que chaque action, pensée et sentiment est motivé par une intention. Cette intention existe en tant que cause directe d'un effet.

Dans notre vie, chaque effet obéit à une intention donnée. Il n'y a pas d'effet sans cause dans l'univers, telle est la loi de cause à effet universelle. Chaque action relève d'une intention, quoique souvent inconsciente. Par exemple, si vous êtes régulièrement surchargé de travail par vos collègues parce que vous n'aimez pas dire non, l'intention inconsciente cachée derrière peut être de ne vouloir laisser tomber ni décevoir personne. L'effet de l'intention peut alors être un burn-out. Chacune de nos intentions produit un résultat. Plus nous prenons conscience de l'intention qui est la nôtre, plus nous pouvons influencer le résultat. Avoir une intention claire signifie canaliser clairement votre énergie en vue de produire exactement les résultats que vous souhaitez.

Depuis que je connais l'existence de la loi de cause à effet, je choisis mes intentions avec un soin beaucoup plus grand tout en veillant à ce qu'elles soient en accord avec ma vision des choses et mes objectifs. Chaque matin, je formule une intention pour la journée à venir ; elle forme le cadre énergétique de ma journée et m'aide à prendre de bonnes décisions en toute conscience et à rester dans ma part spirituelle. Une intention claire associée à une émotion très positive est la recette pour une manifestation consciente de cette intention.

Les trois intentions les plus puissantes de ma journée sont :

## 1. Je choisis l'amour

Il y a deux semaines, j'ai pris l'avion pour aller aux États-Unis et, de là-bas, pour aller participer à un séminaire à Cancún, au Mexique. Je devais aller de Berlin à Londres, puis de Londres à Denver, puis de Denver à Santa Fe. Mon emploi du temps était très serré et je n'avais que 45 minutes à chaque fois pour changer d'avion. Une fois à Londres, j'ai vu sur le panneau d'affichage que mon vol pour les États-Unis avait huit heures de retard. Ce qui signifiait que j'allais arriver là-bas en pleine nuit et, de toute façon, rater ma correspondance pour Santa Fe. Dans une situation pareille, nous n'avons que deux possibilités : soit nous lamenter sans arrêt et nous énerver contre l'insolence de cette vie qui ose ne pas avoir pour nous exactement le même projet que nous, soit nous abandonner à cette situation avec un amour total et nous demander si la vie ne nous réserve pas, en fin de compte, quelque chose de mieux.

J'ai opté pour la seconde solution et passé un moment génial à l'aéroport de Londres. J'ai parcouru la plus grande librairie que j'ai pu trouver, me réjouissant d'avoir enfin le temps de m'acheter de nouveaux livres. En sortant de la librairie avec ma pile de livres, j'ai cherché un petit café et, avec le bon d'une valeur de 30 livres sterling que j'avais reçu en dédommagement de la compagnie aérienne, je me suis offert du gâteau au chocolat, plusieurs smoothies fraîchement préparés, des cookies et un thé. Je me suis mise à mon aise et j'ai savouré le plaisir de ne pas avoir de rendez-vous étant donné que tout le monde me croyait dans l'avion et donc injoignable. J'en ai profité pour me faire une journée cocooning à l'aéroport ! *Ask and it is given* de Esther Hicks (traduit en français sous le titre *Demandez et vous recevrez*), que j'avais acheté ce jour-là, est devenu mon nouveau livre préféré et je remercie vraiment le retard de mon vol de m'avoir permis de trouver ce bouquin.

Choisir l'amour signifie faire de l'amour votre fréquence et, avec cette énergie, créer votre vie. Dans les situations où notre ego préférerait ruer dans les brancards ou gémir sans arrêt, choisir l'amour signifie voir quel est le cadeau caché dans cette situation et comment le mettre à profit au lieu de se laisser gâcher la journée. En vérité, aucune circonstance extérieure ne peut nous mettre de mauvaise humeur ; nous nous mettons nous-mêmes en rogne en portant un jugement négatif sur la situation et, ce faisant, nous risquons peut-être de passer à côté du plus beau moment de notre vie.

L'amour s'exprime sous les formes les plus diverses, mais une véritable expression de l'amour guérit et relie toujours. Choisir l'amour est une intention qui, chaque jour, m'aide à me rappeler que nous sommes ici sur terre pour nous entraider et nous rendre service. L'amour est plus fort que la peur et, sur la fréquence de l'amour, je trouve toujours une solution ou un moyen de faire émerger quelque chose de nouveau et de puissant d'un conflit ou d'un challenge (au lieu de vouloir fuir). L'amour m'aide à voir dans toute critique à mon égard la possibilité de m'améliorer au lieu de me sentir attaquée. Il m'aide à me reconnaître dans chacun de mes semblables et, par conséquent, à ne pas vouloir avoir raison à tout prix mais, au contraire, à laisser s'installer la paix. Il m'aide à me relier à mon potentiel créateur et à voir dans chaque nouveau jour le cadeau qui m'est offert de pouvoir façonner moi-même ma vie. Choisir l'amour signifie vivre chaque nouvelle journée dans la gratitude à l'égard de tout ce qui est présent et à venir, et ouvrir mes yeux aux miracles qui m'arrivent. Un miracle survient à chaque fois que nous mettons l'amour au-dessus de la peur. Quand vous choisissez l'amour, vous choisissez toujours la paix aussi.

## 2. Je suis élève de la vie

La vie ne cherche pas à nous embêter, mais seulement à nous aider à suivre le chemin de notre âme et à dépasser notre ego réducteur. Elle est le meilleur coach qui puisse exister parce qu'elle ne pose que de vraies bonnes questions et nous fait confiance pour trouver les réponses en nous-mêmes. Elle nous ressert sans cesse le même problème jusqu'à ce que nous finissions par le résoudre, que cela nous plaise ou non. Lorsque nous abordons la vie dans la gratitude, persuadés que tout ce qui se présente à nous a été prévu pour faire évoluer notre âme, même nos plus grosses crises commencent à nous faire vraiment plaisir. Nous considérer comme des élèves de la vie nous donne cette légèreté de ne pas avoir à savoir d'avance comment tout cela fonctionne.

Nous sommes tous là sur cette terre pour la première fois et il n'existe pas de mode d'emploi de la vie. Cela fait longtemps que je ne commets plus d'erreurs parce que l'erreur n'existe plus à mes yeux : il y a seulement des choses qui n'ont pas fonctionné et que nous pouvons réessayer.

Peut-être connaissez-vous l'histoire de Thomas Edison qui a eu besoin de plus de 1 000 tentatives pour finir par faire marcher son ampoule électrique. Lorsqu'on lui a demandé comment il avait géré l'échec, il a répondu : « Quel échec ? Je n'ai pas échoué, j'ai simplement trouvé 1 000 solutions qui ne fonctionnent pas. » Les solutions qui ne fonctionnent pas vont finir par nous conduire à celle qui fonctionne.

Alors pourquoi ne pas considérer la vie comme un lieu magique dans l'univers qui nous servirait de jardin où nous amuser comme des enfants ? Lors du prochain défi que vous rencontrerez, demandez-vous : « Que puis-je en apprendre ? Quelle possibilité de croissance recèle-t-il ? »

## 3. Je reconnais mon essence véritable

La troisième intention relie les deux premières. Reconnaître son essence véritable signifie à la fois sentir et savoir que nous sommes tous reliés les uns aux autres. Je suis une partie de vous et vous êtes une partie de moi. C'est la même conscience spirituelle qui circule à travers nous tous et nous relie les uns aux autres. À partir du moment où nous en prenons conscience, la séparation n'existe plus. Il n'existe plus de Vous ni de Je, mais seulement un Nous. Toute parole blessante que nous laissons échapper sur quelqu'un, c'est contre nous que nous la dirigeons. Lorsque nous blessons un être humain ou un être vivant, c'est nous-mêmes que nous blessons, en réalité. En aidant l'un de nos semblables, c'est nous-mêmes que nous aidons, et à chaque pas que nous faisons pour nous guérir, nous guérissons aussi une partie du monde.

Reconnaître son essence véritable signifie aussi admettre que nous créons nous-mêmes notre vie à travers nos pensées. Tout ce qui existe a préexisté sous la forme d'une conscience et d'une pensée. La matière suit toujours l'esprit. L'intention nous aide à rester reliés à notre véritable grandeur intérieure et à notre part spirituelle. Elle nous permet, à nous-mêmes et aux autres, de prendre notre vie en main, de suivre notre propre voie et d'apporter notre cadeau au monde.

## Saisissez votre bonheur !

- Faites ce qui vous paraît juste et non ce qui vous paraît plus facile sur le moment.
- À chaque fois que vous doutez, demandez-vous : « Que ferait Eddie ? Eddie se jetterait à l'eau ! »
- Pour vous relier à votre part spirituelle, vous devez abandonner toutes les illusions qui vous ont séparé d'elle jusque-là.
- Chaque jour nous est donnée l'occasion de choisir qui nous voulons être.
- Ayez conscience de vos intentions. Toute cause est suivie d'un effet.

### MANTRA : « JE CHOISIS L'AMOUR. »

Répétez ce puissant mantra pour vous rappeler au quotidien, à chaque fois que nécessaire, que vous êtes le créateur de votre vie. En choisissant l'amour, vous choisissez la paix.

## Mes remarques et mes conclusions :

. . . . . . . . . . . . . . . . . . . . . . . . . . . . . . . . . . . . . . . . . . . . . . . . . . . . . . . . . . . . . . . . . . . . . . . . . . . . . . .

. . . . . . . . . . . . . . . . . . . . . . . . . . . . . . . . . . . . . . . . . . . . . . . . . . . . . . . . . . . . . . . . . . . . . . . . . . . . . . .

. . . . . . . . . . . . . . . . . . . . . . . . . . . . . . . . . . . . . . . . . . . . . . . . . . . . . . . . . . . . . . . . . . . . . . . . . . . . . . .

. . . . . . . . . . . . . . . . . . . . . . . . . . . . . . . . . . . . . . . . . . . . . . . . . . . . . . . . . . . . . . . . . . . . . . . . . . . . . . .

. . . . . . . . . . . . . . . . . . . . . . . . . . . . . . . . . . . . . . . . . . . . . . . . . . . . . . . . . . . . . . . . . . . . . . . . . . . . . . .

. . . . . . . . . . . . . . . . . . . . . . . . . . . . . . . . . . . . . . . . . . . . . . . . . . . . . . . . . . . . . . . . . . . . . . . . . . . . . . .

. . . . . . . . . . . . . . . . . . . . . . . . . . . . . . . . . . . . . . . . . . . . . . . . . . . . . . . . . . . . . . . . . . . . . . . . . . . . . . .

. . . . . . . . . . . . . . . . . . . . . . . . . . . . . . . . . . . . . . . . . . . . . . . . . . . . . . . . . . . . . . . . . . . . . . . . . . . . . . .

. . . . . . . . . . . . . . . . . . . . . . . . . . . . . . . . . . . . . . . . . . . . . . . . . . . . . . . . . . . . . . . . . . . . . . . . . . . . . . .

. . . . . . . . . . . . . . . . . . . . . . . . . . . . . . . . . . . . . . . . . . . . . . . . . . . . . . . . . . . . . . . . . . . . . . . . . . . . . . .

. . . . . . . . . . . . . . . . . . . . . . . . . . . . . . . . . . . . . . . . . . . . . . . . . . . . . . . . . . . . . . . . . . . . . . . . . . . . . . .

. . . . . . . . . . . . . . . . . . . . . . . . . . . . . . . . . . . . . . . . . . . . . . . . . . . . . . . . . . . . . . . . . . . . . . . . . . . . . . .

. . . . . . . . . . . . . . . . . . . . . . . . . . . . . . . . . . . . . . . . . . . . . . . . . . . . . . . . . . . . . . . . . . . . . . . . . . . . . . .

. . . . . . . . . . . . . . . . . . . . . . . . . . . . . . . . . . . . . . . . . . . . . . . . . . . . . . . . . . . . . . . . . . . . . . . . . . . . . . .

. . . . . . . . . . . . . . . . . . . . . . . . . . . . . . . . . . . . . . . . . . . . . . . . . . . . . . . . . . . . . . . . . . . . . . . . . . . . . . .

. . . . . . . . . . . . . . . . . . . . . . . . . . . . . . . . . . . . . . . . . . . . . . . . . . . . . . . . . . . . . . . . . . . . . . . . . . . . . . .

La décision la plus importante…

Celui qui commence la journée en riant l'a déjà gagnée.

Cicéron

# Nous sommes ce que nous répétons chaque jour

Derrière chaque objectif que nous voulons atteindre se cache en réalité un sentiment que nous espérons éprouver une fois l'objectif atteint dans un futur proche ou éloigné. Par exemple, nous pouvons attendre d'un nouveau job un sentiment de reconnaissance, d'un mariage un sentiment de stabilité et de sécurité, d'un tour du monde un sentiment d'excitation et d'aventure. Plus il est important pour nous d'éprouver ce sentiment, plus nous allons nous diriger dans cette direction et donner la priorité aux objectifs qui, nous l'espérons, nous permettrons d'accéder au sentiment positif souhaité. La condition, c'est que ce soit un sentiment agréable, et nous sommes déçus s'il ne l'est pas ou s'il l'est mais trop brièvement. Du fait que nous attachons un sentiment à notre objectif, ce sentiment disparaît dès lors que l'objectif est atteint – et c'est ainsi que notre bonheur est perpétuellement différé.

Pour élever notre conscience à un niveau supérieur et ne plus faire dépendre notre satisfaction d'objectifs extérieurs, nous avons besoin d'habitudes et de routines qui nous rendent heureux au quotidien et canalisent notre énergie dans l'ici et maintenant. Au final, notre vie est la somme de tous les jours que nous avons vécus. Étant donné que nous sommes, nous humains, des créatures pétries d'habitudes, la plupart de nos journées se ressemblent et, au fil de notre existence, nous laissons s'installer des habitudes qui, certes sont confortables, mais ne contribuent pas à notre bonheur. Ce sont les petites choses que nous répétons chaque jour qui vont définir notre vie au terme de la journée. En effet, une journée ressemble à une vie en modèle réduit et notre manière de nous comporter va déterminer notre manière de nous sentir.

*« Ne serait-il pas bon de vivre chaque jour qui passe à la manière dont nous aimerions vivre l'ensemble de notre vie et de vivre notre bonheur là, maintenant, au lieu de le remettre toujours au lendemain ? »*

Le hic, c'est notre corps qui n'aime pas du tout que nous changions soudain nos habitudes. Alors préparez-vous mentalement à éprouver « comme quelque chose qui ne va pas » dès que vous modifiez vos routines et vos habitudes. Supposons que vous aimeriez prendre l'habitude d'aller faire du sport le soir après votre travail au lieu de vous allonger sur le canapé. Au moment où vous décidez d'adopter cette nouvelle habitude, votre corps et votre cerveau décrètent un petit état d'urgence dans votre système parce que, pour eux, seules deux choses sont prioritaires : la sécurité et le confort. Tout le reste est un danger potentiel pour leur survie. Et si, en plus, votre bonne résolution réclame un effort, ils vont tout faire pour vous détourner de votre projet courageux. Votre cerveau vous envoie alors des pensées du style : « Tu verras ça demain. Il est déjà tard et tu as beaucoup travaillé aujourd'hui. Allonge-toi plutôt sur le canapé. » Et, bien évidemment, votre corps réagit aussitôt à cette pensée en ajoutant : « C'est vrai, aller maintenant à la salle de fitness, je ne le sens vraiment pas. Ce ne serait pas bon pour moi. » En vérité, c'est parce qu'il n'y est pas habitué et non parce que cela ne lui ferait pas de bien.

Il va donc se passer environ trois semaines au cours desquelles votre corps et votre cerveau vont essayer de vous faire renoncer à ce projet. C'est là que votre volonté doit être plus forte que votre petit démon intérieur, car au bout de trois semaines, votre habitude sera prise, et votre corps comme votre cerveau vont se sentir bien d'aller faire du sport. La plus grosse erreur que vous puissiez commettre au cours de ces trois semaines est d'obéir à votre ressenti, car sous prétexte que vous ne le « sentez » pas, vous n'appliquez pas votre décision. En réalité, ce sentiment n'est qu'un phénomène biochimique à l'œuvre dans votre organisme qui indique que votre cerveau et votre corps se trouvent dans un processus d'apprentissage réclamant des efforts et donc «impopulaire». Alors n'attendez pas de le «sentir»; mettez-vous y, tout simplement. Et ayez confiance : le sentiment de bien-être s'installera après.

*« Pensez chaque jour au lever : Je suis heureux de m'être réveillé aujourd'hui. Je suis en vie. J'ai une vie humaine précieuse et je ne vais pas la gaspiller. Je vais employer toute mon énergie à faire évoluer ma personnalité, à ouvrir mon cœur aux autres. Je vais servir les autres du mieux possible. »*

■ Le Dalaï-Lama

Durant la plus grande partie de ma vie, je n'ai absolument pas mesuré l'importance d'avoir des routines dynamisantes au lieu de faire chaque jour des choses qui, finalement, me pompaient de l'énergie. J'avais programmé sur mon portable trois sonneries différentes qui, chaque matin, sonnaient à tour de rôle, cinq minutes chacune, et ce pendant une heure environ parce que j'appuyais à chaque fois sur le bouton «snooze». Je finissais par m'extirper du lit, par me traîner jusqu'à la salle de bains et, voyant que j'étais très en retard, par me dépêcher d'aller au travail dans un état de stress intense. Je n'avais pas conscience de l'énergie que je gaspillais en n'ayant pas de rituels matinaux pour me centrer et me concentrer sur la journée à venir.

Pourtant, l'énergie avec laquelle nous commençons la journée est, en général, celle dans laquelle nous allons baigner le reste de la journée. Par notre attitude matinale, nous injectons déjà une énergie particulière dans la journée à venir. Lorsque j'ai commencé à côtoyer de plus en plus de personnes qui menaient une vie réussie et épanouie, j'ai constaté qu'elles avaient toutes un point commun : une routine matinale qui leur donne de la force pour la journée. Une fois levées, elles prennent une à deux heures uniquement pour elles : pas de courriels, pas d'appels, pas de rendez-vous. Toutes m'ont dit la même chose : «Laura, avoir une routine matinale m'a changé la vie.» Ou, comme dit le proverbe : «La vie appartient à ceux qui se lèvent tôt.» En approfondissant peu à peu la question, j'ai commencé à développer mes propres rituels matinaux qui m'aident à me relier à ma part spirituelle et à envoyer une énergie aussi puissante que positive dans la journée à venir. Même si, au début, j'ai dû batailler ferme avec mon petit démon intérieur qui ne voyait pas d'un très bon œil que je me lève une heure plus tôt, je me félicite d'avoir tenu bon et apporté une toute autre qualité à mon quotidien. Grâce à une routine matinale, nous nous offrons cette première heure qui nous permet de démarrer la journée l'esprit clair, concentré et conscient. Au lieu de commencer la journée cahin-caha et d'arriver au travail déjà passablement stressés, nous adoptons certains rituels qui sont pour notre âme l'équivalent de nous brosser les dents et nous permettent de créer une nouvelle journée avec joie et dynamisme.

## Les sept étapes magiques de la routine matinale qui fait du bien à notre part spirituelle

### Étape 1 : réservez-vous un moment de gratitude!

La gratitude est l'une des émotions les plus épanouissantes que nous puissions éprouver et l'état suprême de la réceptivité. Imaginez-la comme une colle à paillettes entre votre présent et votre futur. Lorsque vous vibrez sur une fréquence de gratitude élevée, vous envoyez des émotions positives dans votre avenir et reliez donc directement un avenir radieux à votre présent. La gratitude induit un profond sentiment d'épanouissement dans l'ici et maintenant. Vous élevez votre fréquence énergétique et attirez automatiquement une plus grande abondance dans votre vie. L'objet de votre attention se multiplie. Il est impossible d'éprouver de la gratitude en étant de mauvaise humeur ou triste.

Le dernier soir de mon séminaire à Cancún, j'ai encore savouré la mer et le coucher de soleil, et mon cœur était rempli d'une profonde gratitude d'avoir réussi à me créer cette vie. Ce fut un instant précieux que j'ai gravé solidement dans mon cœur, stocké là pour d'autres moments où je me prendrais à douter de moi-même ou de ma force créatrice. J'ai maintenant dans mon cœur tout un livre d'images de moments où je me suis sentie libre, lucide et pleine de gratitude à l'égard de ma vie. Et quand je doute, je parcours en pensée cet album d'images et laisse le sentiment de gratitude rejaillir en moi pour apaiser cette voix dans ma tête qui considère les choses en petit et uniquement ce qui pourrait mal tourner. Lorsque nous dirigeons notre énergie vers ce que nous avons déjà accompli et sommes reconnaissants envers tout ce qui a été, est et sera, nous recevons automatiquement davantage. Nos émotions sont comme un aimant dans l'univers qui attire au centuple ce qu'il émet. Il ne sert à rien de dire : « Le jour où je serai mieux, je me mettrai à éprouver de la gratitude s'il se passe ceci ou cela... » Les choses fonctionnent exactement à l'inverse. Oui, je sais, il faut un peu de discipline et de confiance, mais croyez-moi, le jeu en vaut la chandelle.

Votre vie attend que vous en soyez le créateur, avec les couleurs les plus variées, les idées et les rêves les plus fous. Vous possédez déjà en vous tout ce dont vous avez besoin. Faites confiance à la partie de vous qui croit en vous, car elle a raison.

*« Quand tu te lèves le matin, remercie pour la lumière du jour, pour ta vie et ta force. Remercie pour la nourriture et le bonheur de vivre. Si tu ne vois pas de raison de remercier, la faute repose en toi-même. »*

■ Proverbe amérindien

Avant même d'ouvrir les yeux le matin, prenez le temps d'exprimer votre gratitude. Portez toute votre attention sur votre cœur, puis inspirez et expirez à fond en lui. Vous êtes en vie. Vous avez reçu en cadeau une nouvelle journée magnifique que vous pouvez façonner à votre guise. Laissez se dérouler devant votre regard intérieur la journée idéale et imaginez tout ce qui va se passer de formidable pour vous aujourd'hui. Laissez circuler dans votre cœur la gratitude envers tout ce qui vous attend au cours de cette journée. Pensez à tous les petits miracles de nature à vous réjouir jusqu'à ce qu'un grand sourire se dessine sur votre visage. Joignez vos mains en prière devant votre cœur, dites merci et sentez l'énergie qui émane de ces mots.

**Étape 2 : buvez suffisamment d'eau!**

Les cellules du corps, pourvoyeuses d'énergie, ont besoin d'une grande quantité d'eau pour fonctionner au mieux. Dans la nuit, nous perdons jusqu'à deux litres d'eau. La première chose que je fais le matin après m'être brossé les dents est de boire au moins un litre d'eau avec du jus de citron frais pour réhydrater mon corps. Je veille aussi à boire régulièrement au cours de la journée. L'eau est pour le corps l'équivalent de l'essence pour une voiture, sans eau, nous ne pouvons pas vivre. Les signes typiques de la déshydratation sont une diminution de notre capacité de concentration, un mauvais fonctionnement de notre appareil digestif ou la survenue de maux de tête et d'une grande fatigue.

Vous pouvez préparer le soir un verre d'eau à boire dès que vous entrez dans la cuisine le lendemain matin.

### Étape 3 : méditez et connectez-vous à vous-même !

Le troisième aspect de ma routine matinale est la méditation. Méditer diminue nos hormones de stress, nous aide à mieux nous concentrer et nous permet d'être plus attentifs tout au long de la journée. Méditer augmente notre niveau d'énergie et notre conscience. Le matin, je me réserve au moins une demi-heure pour orienter mon regard vers l'intérieur et me relier à la terre, à l'univers et à l'énergie inhérente à tout ce qui existe.

*Méditation*

### Le rituel matinal

Asseyez-vous confortablement, puis inspirez et expirez à fond par le nez. Portez toute votre attention sur l'extrémité de votre nez et observez le léger flux d'air qui frôle vos narines à chaque fois que vous inspirez et expirez. Si une pensée surgit et vous détourne de votre respiration, prenez-en conscience et réorientez votre attention vers votre respiration avec bienveillance.

Au bout de 10 à 15 cycles respiratoires, vous pouvez vous concentrer sur vos pieds et sentir vos plantes de pied toucher le sol. Visualisez vos pieds se relier à la terre et une magnifique lumière d'or blanc jaillir du sol pour remonter à travers votre corps jusqu'à votre cœur et vous donner force et énergie. Restez dans cette connexion pendant plusieurs respirations. Puis concentrez-vous sur le sommet de votre crâne et visualisez une lumière d'or blanc bienfaisante jaillir du cosmos pour traverser le sommet de votre tête et descendre dans votre corps. Imaginez cette lumière baigner vos cellules, les guérir et les recharger en énergie. Puis focalisez de nouveau votre attention sur votre cœur et laissez la lumière de la terre et du cosmos circuler ensemble dans votre cœur. Sentez la chaleur et la force de guérison de la lumière. Vous faites partie du tout et le tout fait partie de vous. Pendant plusieurs respirations, inspirez et expirez à fond. Lorsque vous vous sentez prêt, redirigez votre attention vers l'ensemble de votre corps et rouvrez les yeux.

### Étape 4 : formulez une intention puissante pour la journée !

Après ma méditation, je me formule une intention pour la journée et focalise mon énergie sur ce que je voudrais accomplir. Une intention claire me sert de boussole intérieure et m'évite de perdre de vue ce que j'ai envie de réaliser dans cette journée. Plus je suis consciente de mon intention du jour, plus il m'est facile de dire non à des choses qui ne lui correspondent pas. Cette intention m'aide à me rappeler au quotidien ce qui est important pour moi.

Vous avez découvert mes trois intentions préférées dans le chapitre précédent :

- «Je choisis l'amour.»
- «Je suis une élève de la vie.»
- «Je reconnais mon essence véritable.»

Je vous recommande de choisir une intention en accord avec votre objectif de la journée. Par exemple, lorsque j'ai des délais à respecter et pas mal de rendez-vous dans la journée, je choisis une intention du style :

- «Je réussis mes tâches avec une facilité déconcertante et beaucoup de joie.»
- «Je suis concentrée et claire dans mes objectifs.»
- «J'atteins mes objectifs détendue et pleine d'enthousiasme.»

Chaque matin, vous pouvez vous choisir une intention avec laquelle vous vous sentez en accord et qui vous renforce, par exemple :

- «Je façonne ma journée dans ma part spirituelle.»
- «Je suis amour.»
- «Je suis dans la gratitude.»
- «Je fais la différence.»
- «J'attire le bonheur.»
- «Ma vie est un cadeau.»
- «Tout me réussit.»
- «Je suis en bonne santé et j'ai la pêche !»
- «Je pardonne.»
- «Je rends service aux autres.»
- «J'apporte l'amour partout où je vais.»

Je vous recommande d'avoir un petit pense-bête pour vous rappeler votre intention tout au long de la journée. Par exemple, vous pouvez programmer une alarme sur votre Smartphone qui vous envoie un rappel toutes les deux heures ou mettre votre intention en fond d'écran.

### Étape 5 : notez vos objectifs et visualisez votre avenir !

C'est l'une de mes étapes matinales préférées. Elle me rappelle que nous sommes tous des magiciens et que les pensées peuvent devenir réalité. Tous les matins, je note par écrit mes objectifs et visualise comment ils vont devenir réalité dans le futur. Il se dégage une telle magie de cet exercice qui, de plus, procure un plaisir incroyable ! Vous pouvez donner libre cours à votre créativité et à votre imagination. Comme j'ai constaté que tous les objectifs que j'avais notés s'étaient réalisés exactement comme je l'avais souhaité, voire encore mieux, j'ai commencé à me fixer uniquement des objectifs qui me tenaient vraiment très à cœur et qui, sur le moment, me semblaient complètement irréalistes. Mais il n'y a pas de grands et de petits objectifs pour l'univers. Car l'univers pense en termes de fréquence et d'énergie. Tout ce dont il a besoin, c'est d'une intention claire associée à un niveau énergétique élevé. Pour cet exercice, utilisez un journal intime ou un joli carnet de notes dans lequel vous aurez plaisir à écrire. Séparez la page en trois parties. La première partie est réservée à vos objectifs à court terme (environ trois mois), la seconde partie à vos objectifs à moyen terme (entre six et douze mois) et la troisième partie à vos objectifs à long terme (jusqu'à cinq ans). Dans chaque partie, notez trois objectifs qui vous inspirent et vous aident à vivre votre part spirituelle. Il est important que vos objectifs soient précis et formulés au présent. Par exemple : « D'ici le 15 septembre 2018, je lance mon nouveau blog avec déjà dix articles publiés. » (Vous trouverez des formules précises pour manifester votre intention pages 309-318) Après avoir noté vos objectifs, fermez les yeux et passez doucement vos doigts sur les mots écrits. À chaque objectif sur lequel vous faites glisser vos doigts, imaginez ce que vous ressentez en le voyant devenu réalité. Visualisez le plus précisément possible à quoi ressemble votre vie une fois ce but atteint. Laissez la joie circuler dans votre corps et la gratitude d'avoir pu réaliser votre objectif exactement comme vous le souhaitiez, voire mieux. Puis rouvrez les yeux et réfléchissez à ce que vous pouvez faire dès aujourd'hui pour vous rapprocher de cet objectif.

**Étape 6 : fournissez de l'énergie à votre corps !**

Notre corps est le temple de notre âme et, à l'instar d'un temple, doit être célébré et vénéré. Dès le matin, j'ai ce rituel qui consiste à danser sur ma musique préférée et à célébrer la vie. Je me suis fait une playlist avec mes chansons favorites et je danse dans tout l'appartement pendant 10 à 15 minutes (pour la plus grande joie de mes voisins). Lorsque vous célébrez la journée à venir et signalez à votre corps qu'elle va être formidable, votre organisme libère des hormones du bonheur et renforce l'énergie positive que vous envoyez à l'univers.

Testez ce que vous pouvez faire de bien pour votre corps dès le matin et comment vous pouvez élever son niveau d'énergie. Il peut s'agir d'une séance de yoga, d'une promenade ou d'un petit détour par la salle de gym. Prenez le temps de vous occuper de votre corps et de le célébrer.

**Étape 7 : apprenez et évoluez !**

La dernière partie de ma routine matinale consiste à prendre le temps de lire et d'apprendre quelque chose de nouveau. Je lis entre quatre et cinq livres par mois et me perfectionne sans cesse. Il m'arrive de regarder un cours en ligne sur un thème donné que j'ai envie d'approfondir. Une fois le cours terminé, je me demande comment je peux intégrer et tester ce que je viens d'apprendre dans la journée à venir.

Là encore, je vous conseille d'avoir un carnet où noter tout ce que vous avez appris ou jugez important pour vous. Cela vous permet de vous constituer rapidement un petit support de motivation que vous pouvez toujours consulter quand vous êtes en panne d'inspiration ou cherchez de nouvelles idées.

## Créez-vous dès aujourd'hui la vie que vous vous souhaitez pour demain

*« Le bonheur est un droit naturel. »*

Yogi Bhajan

Ma grand-mère possédait un grand buffet ancien en merisier dans son séjour et, dans ce buffet, un magnifique service doré et très coloré peint à la main qu'elle conservait précieusement et ne sortait que les jours de fête. Tous les autres jours, son service restait dans le buffet à prendre la poussière. La petite fille que j'étais se rappelle encore très bien ne pas comprendre pourquoi nous mangions la plupart du temps dans une vaisselle ennuyeuse alors que nous aurions pu tout aussi bien utiliser les assiettes peintes à la main du buffet. Malheureusement, mon idée ne trouvait guère d'écho auprès des adultes de mon entourage et le beau service restait dans le buffet. À la manière de Fifi Brindacier, j'avais décidé à l'époque que lorsque je serais adulte un jour, je mangerais tous les jours dans de la belle vaisselle et ne la sortirais pas seulement pour Noël ou Pâques. Certes, je ne possède aujourd'hui qu'un service IKEA, mais j'ai tenu la promesse que je me suis faite à moi-même de ne pas attendre une occasion particulière pour être heureuse ou célébrer la vie. Chaque jour de l'existence est un cadeau qui doit être célébré. Il n'existe pas meilleur réveil que l'enthousiasme. Si, dès le matin, vous vous réjouissez de la journée à venir, vous n'avez plus besoin de fonction «snooze»; vous bondissez de votre lit avec une curiosité débordante pour ce que vous allez créer de nouveau au cours des prochaines 24 heures. N'auriez-vous pas une vie incroyablement passionnante et épanouissante si vous commenciez chaque journée avec une telle énergie? Le yogi Bhajan dit que le bonheur est un droit naturel. En vérité, nous n'avons besoin d'aucune raison pour être heureux. La vie est, en soi, une raison suffisante. C'est en appréciant la vie et les expériences que vous pouvez faire sur cette terre que vous vous épanouissez.

Pour maintenir votre énergie sur la fréquence de la joie et du bonheur, y compris au quotidien, il est important que vous preniez soin de vous et de vos propres besoins. Il est vite fait, soit de jouer les Mère Teresa et d'être toujours là pour les autres, soit d'attendre que quelqu'un arrive dans notre vie et veille à notre bien-être. Dans les deux cas, nous finirons vidés. Soit nous abandonnons notre énergie à l'extérieur et oublions nos propres besoins, soit nous attendons en vain celui ou celle qui doit nous rendre heureux et nous épanouir. Personne ne peut jouer ce rôle à notre place et nous ne pouvons pas jouer ce rôle pour quelqu'un d'autre que nous. Mieux vous connaissez vos besoins et savez comment les satisfaire par vous-même, moins vous êtes dépendant de ce qui se passe autour de vous. Au contraire, vous pouvez y réagir de manière proactive.

## Activez votre part spirituelle au quotidien

Soyez conscient de vos besoins physiques, affectifs et psychiques et veillez à ce qu'ils soient satisfaits en remplissant d'abord votre propre verre pour pouvoir ensuite partager avec les autres. Prenez l'habitude de vous traiter comme vous traitez les personnes qui vous sont chères, avec le même amour et la même bienveillance. Faites des pauses au cours de la journée, concentrez-vous sur votre cœur, inspirez et expirez à fond dans votre cœur. Faites le point dans votre corps et demandez-vous ce dont vous avez besoin à l'instant présent afin de vous sentir bien. Peut-être est-ce d'un verre d'eau, d'une promenade ou tout simplement de travailler sur votre projet pendant la demi-heure qui suit sans vous laisser distraire.

Chaque jour, essayez de vous percevoir de mieux en mieux, de sentir de façon de plus en plus fine ce dont vous avez besoin à différents moments – et de développer aussi une plus grande sensibilité aux habitudes et aux routines qui ne vous font pas de bien. Observez-vous au cours des prochaines semaines et essayez de percevoir en toute conscience ce qui vous apporte de l'énergie et ce qui vous en enlève. Personnellement, être constamment avec mon Smartphone et sur les réseaux sociaux me prenait une énergie énorme. Pendant une semaine, j'ai observé combien de fois par jour je prenais mon Smartphone et allais sur Facebook, par exemple, et comment j'étais après. Le bilan a été effrayant. En général, non seulement je me sentais plus mal et assez épuisée, mais je perdais aussi au moins une heure par jour à surfer sans raison sur Instagram, Facebook et compagnie. J'ai regardé les objectifs que je me notais tous les matins et me suis interrogée sur l'effet à long terme que cette habitude pouvait avoir sur leur réalisation. Il m'est alors apparu clairement que je pouvais utiliser cette heure quotidienne de manière beaucoup plus intelligente, par exemple en écoutant un podcast, en lisant un livre ou en approfondissant un thème en lien avec mes objectifs. Vous n'imaginez pas la différence incroyable que l'abandon progressif de cette habitude a entraînée et à quel point je me suis sentie mieux. Il m'a fallu un certain temps pour perdre le réflexe de saisir mon Smartphone, mais je ne regrette pas.

Si vous voulez atteindre vos objectifs, vous devez être prêt à remplir les conditions nécessaires à leur réalisation et à changer vos habitudes. Agir au quotidien dans le sens de vos objectifs signifie les poursuivre dès à présent, dans l'ici et maintenant. Les moments les plus difficiles où l'ego voudrait baisser les bras parce qu'il y a trop d'efforts à fournir sont justement les moments les plus propices à votre évolution intérieure et à la prise de conscience de votre véritable potentiel.

## Saisissez votre bonheur !

- Notre vie se constitue jour après jour. Plus vous vivez chaque jour qui se présente dans la joie, plus votre vie tout entière sera heureuse.
- De l'énergie dans laquelle vous démarrez la journée dépend fréquemment celle du reste de la journée.
- Tous les matins, prenez du temps pour vous et définissez un ensemble de rituels de nature à vous connecter à votre force intérieure et à vous aider à vous concentrer.
- Veillez à ce que vos habitudes quotidiennes soient en accord avec vos objectifs et avec celui ou celle que vous voulez devenir.
- Ne repoussez pas votre bonheur dans le futur, mais créez-vous dès aujourd'hui un présent épanouissant.

**MANTRA :**
**« JE SUIS PRÉSENT DANS L'ICI ET MAINTENANT. »**

Répétez ce mantra puissant pour vous rappeler tout au long de la journée que c'est uniquement dans l'ici et maintenant que vous pouvez déployer toute votre force et que vous faites l'expérience de la paix intérieure lorsque vous focalisez consciemment votre attention sur le présent.

**Mes remarques et mes conclusions :**

..........................................................................................

..........................................................................................

..........................................................................................

..........................................................................................

..........................................................................................

..........................................................................................

..........................................................................................

..........................................................................................

..........................................................................................

..........................................................................................

..........................................................................................

..........................................................................................

..........................................................................................

..........................................................................................

..........................................................................................

..........................................................................................

Nous sommes ce que nous répétons chaque jour

Partagez votre lumière avec le monde

Quand le coeur entre
en prière, chaque
battement crée
un miracle.

Yogi Bhajan

# Votre vie attend que vous en soyez le créateur

Sentir l'énergie que j'avais libérée en moi après avoir commencé à m'aimer et cessé de douter de moi et de me torturer constamment pour savoir si j'étais à la hauteur ou digne d'être aimée fut l'une de mes plus belles expériences sur le chemin de mon développement personnel. Dans ma vie, j'ai dû longtemps me battre contre l'épuisement ; j'étais toujours fatiguée et j'avais du mal à me concentrer plus de dix minutes d'affilée. Plus nous fonctionnons avec des réponses automatiques de lutte, de fuite ou d'immobilisation, plus nous croyons normal d'être constamment exténués. Nous ne savons même plus à quoi ressemble cette sensation d'être dans notre force pleine et entière, et nous nous sentons encore plus mal de voir que rien ne nous sourit plus. En retrouvant le contact avec votre propre énergie, c'est comme si vous enfiliez des chaussures à votre pointure après avoir porté pendant des années des chaussures trop petites. Vous retrouvez l'envie de vous mettre à courir, à sauter, et vous vous demandez pourquoi vous avez porté pendant tant d'années des chaussures beaucoup trop serrées. Toutes vos pensées et émotions négatives vous ont empêché de vous mettre en mouvement, de vous faire confiance, de vous exprimer pleinement.

Vous mettre en route vers vous-même signifie enfiler enfin des chaussures qui vous vont et prendre peu à peu conscience de votre force créatrice infinie. Vous allez reconnaître vos ressources et vos dons qui sommeillent en vous depuis tant d'années et vous offrir la liberté de découvrir l'être unique que vous êtes. Plus vous allez vous débarrasser de votre image négative de vous-même et vous relier à votre part spirituelle, plus vous allez sentir que vous disposez d'une énergie beaucoup plus grande que ce que vous imaginiez. Vous allez sentir croître en vous le désir de faire bon usage de cette énergie. Et quel meilleur usage pourriez-vous en faire que d'arrêter de laisser votre avenir entre les mains du hasard et de créer vous-même le futur que vous imaginez dans vos rêves les plus fous? Car la meilleure façon de prédire son propre avenir est encore de le créer soi-même.

Le plus grand désir de l'âme est de pouvoir s'exprimer totalement et partager l'amour qui est son essence. Dites-vous que la vie que vous avez menée jusque-là n'était pas le fruit du hasard, mais le choix de votre âme désireuse que vous puissiez entrer en contact avec votre noyau intérieur et, grâce à vos expériences, prendre la décision de mettre à profit votre existence. Vous avez en vous la force et la sagesse de vous créer une vie capable de laisser derrière elle une trace dorée d'amour, de compassion et de joie dans l'univers.

Dans les prochains chapitres, je vous expliquerai comment utiliser ma formule de manifestation pour mettre en œuvre votre force créatrice et réaliser vos rêves – et comment trouver votre cadeau à faire au monde.

## Faites de votre vie une œuvre d'art unique

*« Quand notre vie est consacrée au bien-être de tous les individus que nous rencontrons, elle ne peut jamais perdre son sens. »*

■ **David R. Hawkins**

Fermez les yeux quelques instants et imaginez à quoi ressemblerait votre futur si, à partir de maintenant, vous étiez le créateur de votre vie, en sachant, au plus profond de vous-même, que votre valeur et votre potentiel sont infinis. Que tout est déjà en vous. Que toutes les graines sont déjà déposées en vous pour vous permettre de suivre votre chemin dans l'amour profond de vous-même et du monde. Que vous n'avez qu'à les arroser. Que vous n'avez pas besoin d'avoir peur. Que vous faites partie de quelque chose de tellement plus grand. Que chaque erreur est un cadeau. Que vos rêves les plus ambitieux sont en train de s'accomplir. Visualisez encore un moment cette vie qui peut être la vôtre si vous croyez profondément en vous et en vos capacités.

Car tout ce que vous avez vu avec votre regard intérieur, vous êtes capable de le créer. Il n'existe aucune limite. Si vous le désirez, vous pouvez vivre une relation épanouissante, tendre, passionnée, avoir des enfants, une réussite insolente, changer le monde avec vos idées et posséder plus d'argent que vous ne pourrez jamais en dépenser. Votre épanouissement est la plus belle expression de votre nature divine. Plus vous vous accomplissez et réussissez, plus vous pouvez donner et aider. Il n'y a rien de mal à avoir de l'amour, de la santé et de l'argent en abondance, et il n'y a pas à en avoir honte. C'est votre droit naturel de réussir, d'être épanoui, aimé et heureux.

Cessez de vous retenir de peur d'être rejeté ou de perdre l'amour. Il y aura des gens qui ne vous aimeront pas si vous êtes riche et heureux, et d'autres qui ne vous aimeront pas si vous êtes pauvre et malheureux. La seule chose qui compte, c'est que vous vous aimiez, vous, et suiviez votre propre chemin avec l'intention de faire une différence positive dans le monde.

En 1957, en Thaïlande, une grande statue du Bouddha en terre glaise devait être transportée dans un autre monastère. Lorsque les moines soulevèrent et chargèrent le Bouddha avec une grue, de grosses fissures se formèrent dans la glaise. De peur de détruire la statue au cours du transport, les moines la reposèrent et l'examinèrent de plus près. C'est alors qu'ils virent quelque chose scintiller sous la terre glaise. Ils ôtèrent prudemment un peu de glaise à cet endroit et découvrirent que le Bouddha était entièrement... en or. On suppose que le monastère avait été attaqué il y a plusieurs siècles et que les moines avaient alors voulu cacher le Bouddha en or aux assaillants. Ils l'avaient donc recouvert de terre glaise pour dissimuler sa vraie valeur. Et comme vraisemblablement aucun des moines n'avait survécu à l'attaque, plus personne ne connaissait l'existence de ce Bouddha en or. Ce n'est que des siècles plus tard que les hommes ont réalisé qu'ils étaient passés depuis tout ce temps devant un Bouddha en or et non en terre glaise.

Nous sommes comme ce Bouddha en or. Nous venons au monde rayonnants, dansons, chantons, jouons, rions et nous nous réjouissons simplement d'être là. Vous avez certainement déjà observé de jeunes enfants, avec quelle bonté et quel amour ils accueillent chaque personne, sans faux-semblants ni préjugés. Ils rayonnent comme le Bouddha en or. Plus nous grandissons, plus nous commençons à nous adapter, à éviter de nous faire remarquer et à vouloir faire tout bien. À chaque nouvelle blessure, à chaque nouveau rejet nous dissimulons un peu plus notre métal précieux sous de la glaise jusqu'à oublier, un jour, que nous sommes en or. Sous cette glaise, nous nous sentons lourds, rigides et finissons par ne plus être capables de nous mouvoir librement dans notre vie. Ne redoutez plus d'être rejeté par les autres en faisant rayonner de nouveau votre lumière d'or. Montrez-leur au contraire qu'ils peuvent, eux aussi, se débarrasser de leur glaise.

Vous n'êtes pas venu sur terre pour vous contenter de survivre, pour rester dans la frustration ou pour faire des compromis boiteux qui finissent par vous priver de votre énergie. Vous n'avez pas vécu toutes ces expériences, vous ne vous êtes pas relevé à chaque fois et battu de plus belle pour aujourd'hui vous faire tout petit et oublier d'exploiter vos forces. Le moment est venu d'ouvrir vraiment vos yeux sur le monde et de prendre conscience de tous les miracles et possibilités qui, depuis tout ce temps, attendent que vous en fassiez quelque chose. Alors décidez maintenant de reprendre votre pouvoir et d'être le créateur de votre vie – une vie qui va vous éblouir. Devenez une lumière rayonnante de confiance et d'enthousiasme pour tous les individus qui vont croiser votre chemin. Vous êtes là pour exprimer l'être unique que vous êtes et célébrer la vie.

*« Je débarrasse le monde de toutes mes croyances sur lui. »*

■ **Un cours en miracles**

Vous pouvez vous créer l'avenir que vous souhaitez. Quel qu'il soit. Tout ce dont vous avez besoin, c'est d'être en mesure de transformer vos pensées et d'accepter ce qui est possible pour vous. Demandez-vous : « Pourquoi me laisserais-je berner toute ma vie par l'illusion tenace que je suis incomplet, insuffisant, et que je dois me battre pour obtenir l'amour ? »

Pourquoi ne vous débarrasseriez-vous pas une fois pour toutes de l'illusion qu'il vous manque quelque chose, que ce soit des capacités, des ressources ou de l'amour ? Pourquoi ne prendriez-vous pas conscience de votre potentiel illimité ? Pourquoi ne verriez-vous pas le monde comme un lieu bien intentionné à votre égard et prêt à vous aider ? Comme un endroit rempli d'occasions qui n'attendent qu'une chose : que vous les saisissiez ? Pourquoi ne commenceriez-vous pas à vous dire que vous pouvez obtenir tout ce que vous souhaitez ? Rendez-vous compte des possibilités infinies que cela ouvrirait...

Lâchez tous les doutes qui vous ont accompagné jusqu'à présent et prenez maintenant la décision irrévocable de partager votre grandeur avec le monde. Remettez en question les conceptions sociales que vous avez prises pour argent comptant et qui vous limitent dans votre épanouissement. Ce n'est pas parce que tout le monde fait ceci ou cela que c'est bien. Interrogez-vous sur les idées que vous avez adoptées sans réfléchir, sur l'homme ou la femme que vous êtes censé(e) être, sur le degré de réussite auquel vous avez droit aux yeux des autres, sur le degré d'enthousiasme et de bonne humeur que vous avez le droit de manifester devant les autres (un peu, mais pas trop surtout...). Ne vous laissez plus limiter. Laissez tomber votre conception d'un monde injuste et impitoyable et, à travers votre lumière, contribuez à faire du monde un lieu juste et bienveillant. Veillez, par votre existence même, à ce que partout où vous êtes, l'amour grandisse et la paix s'installe. Devenez un artisan de la paix. Si chacun d'entre nous laisse briller sa lumière d'or, c'est le monde entier qui va rayonner.

## Donnez un sens à votre vie

*« Même après tout ce temps, le soleil ne dit jamais à la terre : "Tu me dois quelque chose." Regardez ce qui se passe avec un amour comme ça. Il éclaire le ciel tout entier. »*

■ Hāfiz

Une question sur laquelle les êtres humains se cassent les dents depuis la nuit des temps est celle du sens de la vie. Quel est le sens de la vie ? Comment le trouver ? Comment sait-on qu'on l'a trouvé ?

J'aimerais partager ma conception du sens de la vie avec vous. Je ne crois pas que le sens de la vie soit quelque chose qui nous trouve soudainement ou, à un moment donné, sonne à notre porte. Je ne crois pas non plus que nous devions chercher le sens de la vie ni que nous puissions le définir. En revanche, je crois que nous pouvons nous inspirer de l'univers sur cette question.

L'univers est infini et en expansion permanente. Il est sans limite, hors de l'espace et du temps. Il se trouve dans un mouvement de transformation et de croissance perpétuel. À l'instar des mers et des océans du globe qui suivent le rythme régulier du soleil et de la lune, tout se tient au sein d'un système parfait. Chaque élément a sa place, il n'y a rien de superflu, et la nature s'équilibre toute seule à chaque instant. L'univers tout entier aspire à l'harmonie, à l'équilibre et à la croissance. Il n'y a rien à atteindre et l'univers ne dira jamais, un jour : « OK, terminé ! » Dans l'univers, il ne s'agit pas de parvenir à quelque chose, mais de créer. Ne croyez-vous pas qu'au sein de cette intelligence infinie où tout fonctionne selon un mécanisme aussi bien huilé qu'un mouvement d'horlogerie les mêmes conditions sont valables pour vous ? Qu'est-ce qui vous fait croire que l'univers, dont vous faites évidemment partie, a établi d'autres règles pour vous ? L'univers vous aime parce qu'il agit et peut créer à travers vous. Le sens de la vie, c'est finir par reconnaître que c'est nous-mêmes qui le donnons. Vous donnez du sens à votre vie en vous rappelant que vous faites partie de tout et en vous exprimant pleinement. Le sens de la vie, c'est de vous offrir à la vie comme la vie s'est offerte à vous.

Lors de son discours d'investiture, John F. Kennedy a prononcé cette phrase célèbre : « Ne vous demandez pas ce que votre pays peut faire pour vous. Demandez-vous ce que vous pouvez faire pour votre pays. » C'est la même chose pour votre vie. Ne vous demandez pas ce que la vie peut faire pour vous. Demandez-vous ce que vous pouvez faire pour votre vie. Elle attend que vous l'aimiez.

## Exercice de la part spirituelle

### Tombez amoureux de votre avenir

Trouvez un endroit tranquille où vous ne serez pas dérangé pendant cet exercice et fermez les yeux. Rappelez-vous les images que vous avez eues en visualisant votre avenir parfait. Imaginez-vous en train de voyager dans votre futur et de rencontrer votre moi à venir. Tout est exactement comme vous l'aviez imaginé, voire encore mieux. Votre moi futur vous sourit, plein d'amour, et vous montre votre chez-vous. Regardez-vous dans votre avenir. Regardez le lieu où vous vivez, parcourez tous les espaces et, avec vos capacités sensorielles, percevez les choses le plus précisément possible. Que voyez-vous ? Que respirez-vous ? Qu'entendez-vous ? Que sentez-vous ?

Puis trouvez un endroit agréable où vous asseoir avec votre moi futur. Observez-le tranquillement et percevez son énergie. Qu'est-ce qui est différent en vous dans l'avenir ?

Quelle est votre attitude corporelle ? Comment parlez-vous ? Comment bougez-vous ? Quelle énergie possédez-vous ? Reliez-vous en toute conscience à cette énergie et à la confiance qui émane de votre moi futur. Faites circuler cette énergie et cette confiance dans tout votre corps. À présent, vous pouvez demander à votre moi futur tout ce que vous aimeriez savoir. Il va vous répondre. Vous pouvez lui demander un conseil ou ce qu'il vous recommanderait pour vous créer précisément cet avenir dont vous rêvez. Après avoir reçu vos réponses, prenez congé de votre moi futur dans une étreinte bienveillante et revenez au présent. Restez en contact avec votre corps pendant encore au moins trois respirations. Laissez l'énergie positive issue de votre avenir circuler dans votre cœur et remerciez votre moi futur d'avoir créé cet avenir magnifique pour vous. Dès que vous vous sentez prêt, rouvrez les yeux.

Votre moi futur plein de sagesse est toujours à vos côtés. À chaque fois que vous avez besoin d'un conseil ou d'une aide, demandez-lui. Puisqu'il a déjà parcouru le chemin et qu'il a totalement confiance dans tout ce qui vous attend, il peut vous aider à guérir vos peurs et vos soucis concernant l'avenir.

Je vous recommande de vous relier à votre moi futur matin et soir pendant 5 minutes environ et de visualiser votre avenir. Tombez amoureux de votre futur dans chaque cellule de votre corps et attirez ainsi encore plus d'énergie positive.

## Saisissez votre bonheur !

- Il n'y a pas de limite à une vie épanouie, réussie et heureuse.
- Vous n'êtes pas sur terre pour laisser passer le temps, mais pour vous créer exactement la vie que vous désirez.
- Selon vous, à quoi ressemblerait votre futur si vous vous débarrassiez de vos doutes et de vos peurs et si vous vous exprimiez totalement ?
- L'ensemble de l'univers aspire à l'harmonie, à l'équilibre et à la croissance. En faisant la même chose, nous approchons de très près le sens de la vie.
- Ne vous demandez pas ce que la vie peut faire pour vous. Demandez-vous ce que vous pouvez faire pour votre vie.

### MANTRA : « TOUTES LES RÉPONSES SONT DÉJÀ EN MOI. »

Répétez ce puissant mantra pour vous rappeler que vous pouvez vous relier à tout moment à votre moi futur plein de sagesse et y trouver toutes les réponses que vous cherchez.

**Mes remarques et mes conclusions :**

..................................................................................................

..................................................................................................

..................................................................................................

..................................................................................................

..................................................................................................

..................................................................................................

..................................................................................................

..................................................................................................

..................................................................................................

..................................................................................................

..................................................................................................

..................................................................................................

..................................................................................................

..................................................................................................

..................................................................................................

........................................................................................................

........................................................................................................

........................................................................................................

........................................................................................................

........................................................................................................

........................................................................................................

........................................................................................................

........................................................................................................

........................................................................................................

........................................................................................................

........................................................................................................

........................................................................................................

........................................................................................................

........................................................................................................

........................................................................................................

........................................................................................................

........................................................................................................

Votre vie attend que vous en soyez le créateur

........................................................................................................

........................................................................................................

........................................................................................................

........................................................................................................

........................................................................................................

........................................................................................................

........................................................................................................

........................................................................................................

........................................................................................................

........................................................................................................

........................................................................................................

........................................................................................................

........................................................................................................

........................................................................................................

........................................................................................................

........................................................................................................

........................................................................................................

À l'instant où l'on s'engage pleinement, la Providence se met en marche à son tour. Toutes sortes de circonstances favorables qui, autrement, ne se seraient pas manifestées, se produisent pour aider l'individu. La décision engendre toute une série d'événements qui suscite sur son passage un grand nombre de hasards imprévus et bénéfiques, de rencontres et de soutiens matériels dont personne n'aurait osé rêver. Quoi que vous puissiez faire ou pensiez pouvoir faire, faites-le. L'audace porte en elle génie, pouvoir et magie. Commencez dès maintenant.

Johann Wolfgang von Goethe

# Ayez confiance en votre force créatrice infinie

Il y a deux ans, j'étais assise à mon bureau dans une agence berlinoise pour laquelle je travaillais en qualité d'agent artistique de musiciens. Et je rêvais d'avoir ma propre entreprise de coaching. Je me voyais en train de donner des séminaires, de publier des livres, de voyager à travers le monde et de vivre exactement la vie que j'avais souhaitée. J'étais capable de visualiser mon rêve dans ses moindres détails et je sentais mon cœur se réjouir de tout ce qui m'attendait.

Ma joie à la perspective de tous ces beaux projets est soudain retombée lorsque j'ai entendu le son de mon logiciel de messagerie électronique. Cela m'a rappelé que j'avais encore un peu de chemin à faire. J'ai consulté ma boîte de réception qui débordait de mails en attente de réponse et je me suis souvenue d'une promesse que je m'étais faite trois ans auparavant à Berkeley.

Je ne voulais plus m'interroger sur mes capacités; malgré mes doutes sur moi-même, je voulais continuer de tenter des choses. J'ai respiré à fond, fermé ma messagerie et réfléchi à ce que je pouvais faire concrètement pour envoyer un signe clair à l'univers et lui dire que je prenais mes rêves très au sérieux. C'est alors qu'une interview de Jim Carrey m'est revenue à l'esprit. Il y racontait qu'il s'était fait un chèque à lui-même de plus de dix millions de dollars pour un rôle dans un film hollywoodien. À l'époque, il travaillait encore dans un bar et son nom était totalement inconnu à Hollywood. Mais il croyait à son rêve et, tous les jours, gardait son chèque dans la poche de son pantalon. Je n'ai pas pu m'empêcher de rire, mais je me suis dit que si cela avait fonctionné pour Jim Carrey, cela devait fonctionner aussi pour moi. Je suis allée sur Google et j'ai tapé «chèque en blanc de l'univers». Visiblement, je n'étais pas la première à avoir cette idée et Google m'a sorti toute une sélection de modèles de chèque. J'ai choisi le modèle qui me plaisait le plus, puis je l'ai imprimé et j'ai écrit dessus : «**Contrat d'édition, 04-04-2017, Laura Malina Seiler.**» J'ai signé le chèque d'un geste vigoureux et me suis dit qu'il allait couler de l'eau sous les ponts d'ici avril 2017. Je ne sais pas exactement pourquoi j'ai inscrit la date du 4 avril 2017. Elle m'est venue intuitivement et je l'ai sentie bonne pour moi. En rentrant chez moi le soir, j'ai fixé le chèque sur mon tableau de visualisation et imaginé le sentiment incroyable que j'éprouverais si, dans deux ans, je signais un contrat avec un éditeur.

Six mois plus tard, je démissionnais de mon poste et montais ma propre société de coaching. J'ai travaillé comme jamais auparavant, mais je n'avais encore jamais été aussi épanouie et satisfaite de ma vie. J'avais trouvé ma vocation et c'était comme si l'univers m'ouvrait des portes, les unes après les autres. La peur de sauter dans l'inconnu et de suivre ses propres rêves est souvent bien plus grande en pensée que dans la réalité (si nous osons franchir le pas). Il y a une citation de Paulo Coelho tirée de son livre *L'Alchimiste* qui m'accompagne depuis de nombreuses années : « Quand tu veux vraiment quelque chose, tout l'univers conspire à te permettre de réaliser ton désir. » Dès l'instant où nous prenons la décision ferme de partir dans l'inconnu et de suivre nos rêves, il se passe quelque chose de magique dans l'univers qui va nous aider sur notre chemin. Cela ne veut pas dire que tout va vous tomber du ciel, mais que vous allez surmonter les obstacles en travers de votre chemin et que tout va venir au moment opportun. Avant de nous mettre en route, il nous semble que toutes les difficultés vont s'abattre sur nous d'un seul coup et nous nous sentons dépassés d'avance par les obstacles à venir. Mais une fois en route, nous constatons très vite que nous nous faisions une montagne pour pas grand-chose. Souvent, ces obstacles se surmontent sans difficulté et de belles choses peuvent même en surgir.

Concernant le livre, je savais que tout allait venir au bon moment une fois que j'aurais trouvé le courage de faire le premier pas. Et tout s'est passé comme prévu. Grâce au grand succès de mon podcast « Happy Holy & Confident », je me suis fait très vite remarquer par des maisons d'édition et, le 4 avril 2017, mon premier contrat arrivait dans ma boîte à lettres. Je ne vous décris pas la folle danse de joie à laquelle je me suis livrée ce jour-là dans mon appartement ! Et dès cet instant, les derniers petits doutes que je pouvais encore avoir sur la force de nos pensées et de notre imagination ont été balayés pour toujours.

Fermez les yeux quelques instants et souvenez-vous de quelque chose que vous avez désiré du fond du cœur et qui s'est réalisé tel que vous l'aviez imaginé, voire encore mieux. Rappelez-vous cet événement en toute conscience et sentez l'effet qu'il vous procure. Comment vous sentez-vous de savoir que vous avez pu obtenir cela ? N'est-ce pas merveilleux de savoir que quelque chose existe aujourd'hui dans votre vie parce que vous l'avez désiré à un moment donné ?

Le mot « manifester » vient du mot latin *manifestare*, lui-même issu de *manifestus* qui signifie « pris avec la main, sur le fait ». N'est-il pas magique de penser à quelque chose ou de formuler un vœu, puis de voir ce vœu se manifester soudain dans la réalité sous la forme d'un événement ou d'une chose matérielle? C'est comme si nous avions tous une force cachée qui pouvait faire naître quelque chose en dehors de nous à partir d'une pensée. Remémorez-vous quelques instants toutes les choses que vous avez souhaitées dans votre vie à un moment donné et qui sont devenues réalité.

Votre vie n'est pas un hasard, mais le fruit de vos pensées. L'imagination humaine recèle un pouvoir incroyable dès lors qu'elle est mobilisée consciemment et reliée à des émotions intenses. Vos pensées donnent forme à votre désir et envoient l'information à votre inconscient. L'intensité émotionnelle que vous mettez dans votre objectif agit comme un aimant qui attire la réalisation de votre désir. Plus vous prendrez conscience de votre force créatrice, plus vous pourrez la mobiliser pour atteindre ce que vous souhaitez.

## La plus haute expression de la spiritualité est de croire en vous-même

Une question qui préoccupe beaucoup de mes clientes en coaching lorsqu'elles souhaitent monter leur propre entreprise, se lancer dans une nouvelle vie ou réaliser un rêve est la suivante : « Qui suis-je pour être autorisée à réussir? Pourquoi mériterais-je une si belle vie? » Alors je leur retourne leur question : « Pourquoi mériteriez-vous une vie moche? Quand avez-vous cessé de croire en votre avenir?»

Nous possédons tous un potentiel créateur infini qui attend d'être déployé. Non seulement nous avons mérité de réussir notre vie, mais nous avons pour vocation d'exploiter et d'exprimer le potentiel qui nous a été offert. Tout ce qu'il vous faut est déjà en vous.

Il existe un phénomène incroyable dans la nature. Sur le plan purement physique, le bourdon ne devrait pas pouvoir voler car il est trop lourd par rapport à la taille de ses ailes. Mais le bourdon l'ignore, et il vole malgré tout. Malheureusement, nous avons la même croyance sur nous-mêmes que sur le bourdon : nous nous mettons à croire que nous sommes incapables de certaines choses parce que quelqu'un nous a dit un jour : «Tes ailes sont trop petites pour faire ça.» Ce ne sont jamais les ailes qui sont trop petites. C'est notre croyance sur nos capacités qui est trop limitée. Nos ailes attendent que nous les utilisions enfin. Il est temps de les déployer et de voler avec!

Votre destin n'est pas hors de votre contrôle. C'est vous qui l'orientez en vous autorisant à reconnaître votre propre force créatrice et à croire en vous. Vous n'êtes pas sur cette terre pour vous contenter de la médiocrité. Vous êtes ici pour faire briller votre lumière, où que vous soyez, et faire de votre vie une œuvre d'art unique. Reconnaître votre propre grandeur et croire en votre propre force créatrice est la plus haute expression de la spiritualité.

## Exercice de la part spirituelle

### Servez-vous de votre force créatrice !

Le jour où j'ai pris conscience de ma force créatrice et de la magie de la manifestation, j'ai voulu découvrir absolument pourquoi les choses fonctionnaient tantôt si bien, tantôt si mal. J'ai commencé à m'observer, moi et mes pensées, lorsque je voulais manifester quelque chose dans ma vie, pour voir ce que j'avais fait de différent quand cela fonctionnait. Au fil du temps, j'ai mis au point ma propre formule de manifestation en cinq étapes. En appliquant cette formule, vous éprouverez un plaisir incroyable et exprimerez merveilleusement la connexion à votre part spirituelle. Dans votre part spirituelle, vous ne pouvez pas créer autrement qu'en étant porté par une joie et un enthousiasme débordants parce que vous savez que vous faites partie d'une conscience infiniment intelligente qui aspire à s'expérimenter elle-même dans le processus de création.

Si vous voulez que la manifestation fonctionne, il est important que vous fassiez confiance à votre propre force créatrice et que vous la testiez avec une légèreté ludique et de la curiosité, sans vouloir rien forcer ni contrôler. Si je peux me permettre de vous donner un petit conseil, c'est de vous autoriser à voir suffisamment grand dans vos souhaits et de vous concentrer sur les choses qui font battre votre cœur à une fréquence plus élevée. Manifester, c'est un peu comme faire un gâteau. Première étape : vous devez vous demander quel type de gâteau vous voulez réaliser et choisir une recette. Deuxième étape : vous devez faire de la place dans votre cuisine et ranger tout ce qui vous encombre. Troisième étape : vous devez lire tranquillement la recette, vous procurer tous les ingrédients nécessaires et imaginer comme ce gâteau sera délicieux une fois cuit. Quatrième étape : vous devez mélanger tous les ingrédients, faire le fond et le fourrage de votre gâteau, puis enfourner le tout. À la cinquième et dernière étape, il ne vous reste plus qu'à régler le temps de cuisson et savourer l'odeur qui se répand lentement dans les pièces pendant la cuisson du gâteau.

Les cinq étapes de la manifestation sont :

1. Choisir une recette
2. Faire de la place et ranger la cuisine
3. Se réjouir et se procurer les ingrédients nécessaires
4. Mélanger les ingrédients et faire cuire
5. Attendre et avoir confiance

Munissez-vous d'un papier et d'un crayon pour faire cet exercice de la part spirituelle par écrit. Une étude de l'université d'Harvard datant de 1979 prouvait le lien sans équivoque entre la fixation par écrit des objectifs et leur réalisation ultérieure. À l'époque, un professeur avait divisé les participants à l'étude en trois groupes. Le premier groupe devait écrire ses objectifs, le deuxième groupe devait avoir conscience de ses objectifs sans les écrire et le troisième groupe n'avait aucun objectif. Résultat : dix ans plus tard, les volontaires du premier groupe percevaient des revenus dix fois plus élevés que les deux autres groupes. L'étude, répétée ultérieurement à l'identique dans une université de Californie, a confirmé que les personnes qui formulent et écrivent clairement leurs objectifs réussissent mieux que celles qui s'en abstiennent.

## Étape 1 : choisir une recette (avoir une idée claire et précise de ce qu'on souhaite)

Qu'aimeriez-vous manifester ? Pour recevoir ou donner forme à ce dont vous avez envie, vous devez d'abord savoir clairement ce que vous souhaitez. Autrement dit, vous devez savoir de quel type de gâteau vous avez envie et choisir une recette. Dire « Je voudrais être heureux » ou « Je voudrais réussir » est un peu trop imprécis. C'est comme si vous disiez : « Je voudrais faire n'importe quel gâteau. » Comment voulez-vous que l'univers vous aide à réaliser le gâteau qui vous fait le plus envie dans ces conditions ?

À quoi, concrètement, verriez-vous que vous êtes heureux ou que vous réussissez ? Qu'est-ce qui serait différent dans votre vie ? Que souhaitez-vous dans les différentes sphères de votre existence ?

Ces différentes sphères sont les suivantes :

- Relation de couple (à quelle relation de couple aspirez-vous ?)
- Famille et amis (que souhaitez-vous pour votre famille et vos amis ?)
- Santé (que souhaitez-vous pour votre corps ?)
- Profession (à quoi aspirez-vous professionnellement ?)
- Finances (quel objectif financier voudriez-vous atteindre ?)

- Spiritualité/sens (que recherchez-vous en termes de spiritualité et de sens de la vie ?)
- Aventure (qu'aimeriez-vous vivre qui sorte de l'ordinaire ?)
- Environnement (comment/où aimeriez-vous vivre ?)

Choisissez un domaine de vie et répondez aux questions par écrit. Prenez un papier et notez votre souhait le plus clairement possible : que souhaitez-vous atteindre précisément dans ce domaine et quand ? Plus vous formulerez clairement votre désir ou votre objectif, plus vous saurez précisément ce que vous devez faire pour le réaliser au cours des étapes suivantes. Et l'univers pourra vous aider plus facilement.

Prenons, par exemple, le domaine professionnel. Peut-être aimeriez-vous depuis longtemps travailler à votre compte et monter une affaire qui marche. Notez votre souhait au présent et formulez-le le plus précisément possible. Exemple : « À partir du 1er octobre 2018, je travaille avec succès comme graphiste indépendant et j'aide mes clients à avoir une visibilité sur la Toile. Je gagne 3 000 euros par mois (ou plus) et je partage un bureau très lumineux et très spacieux avec deux autres graphistes. »

### Étape 2 : faire de la place et ranger (être honnête avec soi-même)

Avez-vous encore des doutes sur vous-même ? Tout l'art de la manifestation consiste à écarter vos doutes et à vous mettre dans un état propice de confiance et de réceptivité. Vous devez faire de la place pour votre rêve et ranger tout ce qui traîne et risque de lui faire obstacle. Imaginez que vos doutes sont des portiers qui vous empêchent d'accéder à votre désir, votre objectif ou votre rêve. Vos doutes, vos soucis et vos peurs vous maintiennent dans la vibration énergétique du manque. Et dans la vibration du manque, nous ne pouvons recevoir que du manque. Dans le cadre de mes coachings, j'ai fait l'expérience que nos doutes, nos soucis et nos peurs perdent assez rapidement de leur emprise lorsque nous les mettons en lumière et les regardons avec bienveillance. Je m'imagine volontiers aller boire un café avec les portiers qui sévissent dans ma tête et leur demander pourquoi ils croient ne pas devoir m'autoriser à accéder à mon désir ou à mon objectif. Leurs réponses sont souvent très amusantes et, en général, nous ne tardons pas à constater ensemble qu'ils ont fait preuve d'une prudence peut-être un peu excessive. Mes portiers pensent parfois qu'il est beaucoup trop difficile de réaliser l'objectif que je me suis fixé ou ils veulent m'empêcher de précipiter les choses. Si vous ne prenez pas conscience de la nature de vos doutes et de vos peurs, vos portiers ne vont pas hésiter à claquer la porte au nez de vos rêves ou de vos objectifs. C'est pourquoi le deuxième ingrédient de la manifestation est l'honnêteté avec soi-même.

Invitez l'un de vos portiers à prendre un café et demandez-lui quels sont ses doutes ou ses craintes. Soyez parfaitement sincère avec vous-même, osez vous regarder en face, et notez par écrit l'ensemble de vos doutes et de vos craintes. Lorsque vous relisez votre rêve ou votre objectif (clairement formulé à l'étape 1), qu'est-ce qui vous fait douter de votre capacité à le réaliser ? Pourquoi ne réussiriez-vous pas ?

- « Parce qu'il faudrait que je quitte ma zone de confort. » (Sécurité)
- « Parce qu'il faudrait qu'après le boulot je travaille encore une heure à mon projet personnel. » (Confort)
- « Parce qu'il me manque encore des connaissances et de l'expérience. Je risque d'échouer. » (Sécurité)
- « Parce qu'il faudrait que je change mes habitudes. » (Confort)

Notre cerveau fonctionne selon une règle simple : confort et sécurité avant tout. Il se peut aussi que votre tête (votre portier) tente de vous détourner de la réalisation de votre rêve tout simplement parce que cela lui coûterait trop d'effort ou signifierait renoncer en partie à sa sécurité. En faisant preuve d'une honnêteté totale vis-à-vis de vous-même, vous évitez un auto-sabotage inconscient. Dans la mesure où vous parlez ouvertement à vos peurs et à vos doutes et en prenez pleinement conscience, vous conciliez votre conscience et votre inconscient, et vos doutes perdent automatiquement de leur force.

Après avoir écrit vos doutes, remerciez votre portier de vouloir vous protéger et d'avoir toujours en tête le meilleur pour vous. Rassurez-le en lui disant que vous comprenez ses craintes et que vous ne ferez rien qui puisse vous nuire. Les paroles suivantes font ici des miracles : « S'il-te-plaît, libère-moi de mes pensées fondées sur ma peur. »

### Étape 3 : se procurer les ingrédients nécessaires et se réjouir (visualiser)

Il s'agit ici de visualiser puissamment votre objectif ou votre rêve. L'inconscient pense en images et non en mots. Visualiser signifie acheter mentalement tous les ingrédients nécessaires à votre gâteau et vous imaginer le plaisir que vous aurez à le déguster une fois qu'il sera cuit. « Mmm, quel délice ! » La visualisation montre très précisément à votre inconscient ce qui lui reste à faire et vous aide à prendre confiance dans votre chemin. Étant donné que votre inconscient ne juge pas mais se contente d'exécuter vos désirs, il est d'autant plus important de lui envoyer les images exactes de ce que vous aimeriez réaliser dans votre vie.

Alors fermez les yeux et voyagez en pensée dans le futur en imaginant le moment où vous avez atteint votre objectif. Tout y est exactement comme vous l'imaginiez, voire encore mieux. Transportez-vous physiquement, mentalement et émotionnellement dans votre moi futur. Où êtes-vous exactement ? Que percevez-vous ? Qu'observez-vous ? Comment vous sentez-vous ? À quoi ressemble votre vie une fois votre rêve réalisé ? Percevez avec tous vos sens votre rêve accompli et jouissez de cet instant. Regardez avec fierté ce que vous avez réussi. Laissez la gratitude et la joie d'avoir donné forme à ce merveilleux futur circuler dans votre cœur, puis se répandre dans tout votre corps.

Maintenant, faites le chemin inverse jusqu'à revenir au moment présent. Comment avez-vous procédé exactement pour réaliser votre rêve ? Quelles décisions avez-vous prises ? Quelle image de vous-même vous a aidé à réussir ? Quels obstacles avez-vous rencontrés sur votre chemin (mais ce n'est pas obligatoire !) et comment les avez-vous surmontés ? Visualisez tout le processus qui a abouti à la concrétisation de votre rêve et observez-vous en train de franchir les différentes étapes.

Après être revenu au présent, rouvrez les yeux et écrivez ce que vous avez vu et senti. Idéalement, répétez la visualisation de votre objectif chaque matin au réveil et le soir avant de vous endormir.

## Étape 4 : préparer le gâteau et le faire cuire (réaliser)

Lors de votre visualisation, vous avez vu et senti la manière dont vous avez atteint votre objectif et savouré la joie de créer votre propre avenir. Vous avez vu les étapes que vous avez franchies, les décisions que vous avez prises, les obstacles que vous avez surmontés, vos modes de pensée et d'action. Vous avez noté vos propres instructions pour réaliser votre objectif ou votre rêve. La prochaine étape consiste à appliquer réellement ces instructions et à concrétiser votre rêve. Vous avez tous les ingrédients sous la main et pouvez à présent réaliser votre gâteau.

De quelles mesures et actions concrètes avez-vous besoin pour que votre désir ou votre objectif devienne réalité ? Quelles routines et habitudes pouvez-vous intégrer à votre quotidien pour vous rapprocher de votre but ? Quelles actions pouvez-vous engager dès maintenant pour vous mettre en route vers votre destination ? Vos pensées et vos sentiments donnent le ton à la vibration que vous émettez. Pour manifester votre objectif, vous devez uniquement rentrer dans sa vibration énergétique, tant au niveau de vos émotions que de vos pensées, et vous comporter dans le présent comme si votre objectif était déjà atteint. Car il est déjà atteint. La seule chose à faire est de vous mettre sur la fréquence de votre part spirituelle et de régler votre image de vous-même sur cette vibration pour vous créer un avenir aussi radieux que dans vos rêves – voire encore plus merveilleux. Tombez amoureux de votre futur et, dès à présent, remerciez et réjouissez-vous de tout ce qui vous attend. L'amour est la motivation la plus forte qui soit et agit comme un aimant sur tout ce que vous désirez.

Laissez-vous guider par votre vision et décidez que vous avez mérité de réaliser vos souhaits. Prenez l'habitude de démarrer la journée en connexion avec votre part spirituelle et de la façonner comme vous le souhaitez dans la joie. Vous pouvez créer de petits ancrages au quotidien pour vous rappeler que votre souhait est manifesté depuis longtemps. Personnellement, j'ai associé tous mes mots de passe aux souhaits que j'aimerais manifester ; du coup, chaque connexion me les rappelle. Vous pouvez aussi installer un panneau de visualisation sur lequel vous fixez des images qui représentent vos souhaits dans tous les domaines de votre vie. Il y a cinq ans, j'ai transformé une vieille porte en bois en panneau de visualisation où j'ai collé tout ce que je voulais manifester (notamment le chèque lié au contrat d'édition). Mon panneau est dans ma chambre et à chaque fois que je le regarde, je dis merci à tout ce que je vais vivre tel que je l'ai imaginé, voire encore mieux que dans mes rêves.

## Étape 5 : attendre et faire confiance

Après avoir mélangé tous vos ingrédients et versé votre préparation dans un moule, vous enfournez votre gâteau, réglez la température et le temps de cuisson et attendez que votre gâteau soit cuit en sentant son odeur délicieuse se répandre peu à peu. Ce que vous ne faites probablement pas, c'est courir vers le four toutes les deux minutes, l'ouvrir pour regarder si votre gâteau est déjà cuit, craindre que le four ne soit pas réglé assez fort ou vous dire que vous auriez peut-être dû faire un autre gâteau. Pour manifester, c'est pareil. La cinquième étape est celle de la confiance et du lâcher-prise. Ayez profondément confiance en vous disant que vous avez fait tout ce qu'il faut et que votre souhait va se réaliser tel que vous l'avez visualisé. Faites confiance à votre sagesse intérieure et à l'univers qui est là pour vous aider si votre désir est en accord avec votre part spirituelle. Savourez dès à présent l'« odeur » délicieuse de votre futur et lâchez prise. Car si vous commencez à vouloir contrôler le résultat et à douter de votre force créatrice, vous abaissez votre fréquence énergétique.

*« Ceux qui sont certains de l'issue peuvent se permettre d'attendre et d'attendre sans inquiétude. »*

■ Un cours en miracles

Avoir confiance signifie savoir dès maintenant que votre vœu est déjà exaucé, même si vous ne pouvez pas encore le voir avec vos yeux, mais seulement le sentir avec votre cœur. Faire confiance signifie considérer vos souhaits comme réels et réalisés, et éprouver une profonde reconnaissance pour leur réalisation. Grâce à cette attitude intérieure, vous attirerez tout ce que vous désirez.

## Saisissez votre bonheur !

- Manifester signifie laisser votre souhait ou votre objectif devenir visible dans votre vie.
- Prenez clairement conscience de ce que vous avez vraiment envie de créer dans votre vie.
- En manifestant déjà votre gratitude à l'égard de la réalisation de votre désir, vous attirez tout ce que vous désirez.
- Lorsque votre conscience et votre inconscient agissent de concert, vos doutes et vos peurs disparaissent.
- Ayez confiance dans l'univers : il va vous soutenir dans votre chemin si votre objectif est en accord avec votre part spirituelle.

**MANTRA :**
**« JE SUIS CRÉATEUR DE MA VIE. »**

Répétez ce mantra puissant pour vous rappeler à tout instant votre créativité et votre force créatrice infinies.

**Mes remarques et mes conclusions :**

..........................................................................................

..........................................................................................

..........................................................................................

..........................................................................................

..........................................................................................

..........................................................................................

..........................................................................................

..........................................................................................

..........................................................................................

..........................................................................................

..........................................................................................

..........................................................................................

..........................................................................................

..........................................................................................

..........................................................................................

..........................................................................................

..........................................................................................

Le sens de la vie
consiste à trouver
son cadeau.
Sa finalité consiste
à l'offrir.

Anonyme

# Trouvez votre cadeau à offrir au monde

Lorsque j'étais petite, l'école, les devoirs à la maison, les poupées et les jouets en plastique ne m'intéressaient pas. J'aimais aller dans la nature et galoper dans les bois avec mon petit poney dodu. J'adorais découvrir la forêt, observer les animaux, grimper aux arbres pieds nus et, le soir, m'endormir comme une masse. Toutefois, je me suis aperçue que le monde fonctionnait selon d'autres règles lorsque nous nous sommes installés dans une nouvelle ville et que je me suis soudain retrouvée dans une école tout à fait normale, sans poney ni forêt.

Je me sentais aussi étrangère à mon nouvel environnement qu'un poisson de mer lâché dans un lac d'eau douce et regardé bizarrement par tous les autres poissons. J'avais l'impression de manquer d'air et je n'ai pas tardé à m'apercevoir, à mes dépends, que les enfants pouvaient être assez odieux en présence d'un congénère différent d'eux. J'ai développé une peur panique d'aller à l'école, ne sachant pas comment me défendre face à ceux qui m'embêtaient et me lançaient des paroles méchantes. Pendant les récréations, j'allais me cacher dans les toilettes pour ne pas rester toute seule dans la cour et, après l'école, je rentrais aussi vite que possible à la maison et j'allais me terrer dans mon lit. Je sentais ma joie de vivre diminuer de jour en jour et me voyais me replier de plus en plus sur moi-même.

Pour éviter d'attirer l'attention à l'école, je suis devenue de plus en plus silencieuse et j'ai essayé de m'adapter. Ce n'est qu'à 15 ans, lorsque j'ai eu l'occasion de partir un an au Venezuela, que j'ai pu retrouver lentement de l'oxygène, loin, très loin de chez moi. Au contact de gens chaleureux et bienveillants, mon cœur a pu s'ouvrir et j'ai commencé à redécouvrir ma propre joie de vivre. Nous allions admirer les plus belles chutes d'eau, dansions la salsa le soir dans la rue, et j'ai compris que le sentiment de sécurité, l'impression d'être « chez soi » pouvaient se manifester à n'importe quel endroit du monde où l'amour est inconditionnel. Lorsque je suis rentrée en Allemagne un an plus tard avec une nouvelle énergie, j'ai changé d'école et décidé de ne plus jamais me laisser déposséder de ma joie de vivre ni influencer au point de croire que j'avais quelque chose qui ne tournait pas rond en moi.

Presque quinze ans plus tard, j'étais dans l'avion à destination de Santa Fe (États-Unis) pour participer à un séminaire de l'Américaine Gail Larsen, formatrice aux techniques d'expression orale. Nous étions encouragés, entre autres, à parler en public en étant dans toute notre force et à faire passer notre propre vérité avec authenticité dans des conférences. Même si, à l'époque, mes conférences attiraient déjà beaucoup de monde et mon podcast «Happy Holy & Confident» faisait l'objet de plusieurs millions de téléchargements, je sentais que j'avais encore besoin d'être soutenue sur mon chemin. J'avais toujours des milliers d'idées, mais je me rendais compte que je n'étais pas encore assez sûre de moi pour parler de choses qui me tenaient vraiment à cœur. Et j'attendais de ce séminaire qu'il m'apporte une plus grande clarté dans mes discours.

Le deuxième jour du séminaire, nous avons dû plancher sur le sujet suivant: «Quel est notre cadeau au monde?» Gail Larsen nous a expliqué que les Indiens appelaient ce cadeau «médecine unique». Pour les Indiens, cette «médecine unique» était le remède unique que chaque individu apportait sur terre en naissant. De même qu'il n'y a pas deux individus identiques, il n'y a pas deux remèdes identiques.

Cette «médecine unique» signifie que nous recevons à notre naissance un cadeau avec lequel nous pouvons nous aider et aider les autres ou avec lequel nous pouvons apporter une contribution au monde. Il nous est demandé de découvrir notre propre médecine et de la partager avec le monde.

Les Indiens partent du principe que nous ne nous sentons pas équilibrés ni reliés à nous-mêmes tant que nous n'avons pas trouvé notre médecine unique – voire que nous pouvons tomber malades tant que nous ne sommes pas prêts à nous connecter à ce remède que nous portons en nous.

Votre médecine est votre cadeau au monde. C'est une capacité, un don ou un savoir dont vous êtes le dépositaire exclusif ; vous seul l'avez apporté en venant au monde et le monde en a besoin. Votre cadeau au monde peut être d'être un cuisinier exceptionnel, capable de créer des expériences gustatives uniques, ou un génie des nombres, ou un peintre remarquable, ou quelqu'un qui inspire les autres ou leur redonne confiance. Chaque médecine est unique. Votre cadeau au monde n'a pas besoin d'être utile à tous les habitants de la planète, il peut aider une seule personne à guérir, et cette seule personne peut être… vous-même. Peu importe le nombre de personnes que vous pouvez aider avec votre remède ; ce qui compte, c'est que vous puissiez exprimer votre cadeau, et les personnes qui ont besoin de vous iront vous trouver.

*« Nous nous raccompagnons tous chez nous les uns les autres. »*

■ **Rumi**

Il existe une très belle histoire qui parle de la différence que nous pouvons tous faire les uns pour les autres. C'est l'histoire d'un vieil homme qui, après une grosse tempête, remet à la mer des étoiles de mer rejetées par les flots. Un jeune garçon se promène sur la plage et voit au loin le vieil homme qui ramasse quelque chose au sol et le jette à la mer. Curieux, il se rapproche pour voir ce qu'il fait exactement. En arrivant près de lui, il voit que ce sont des étoiles de mer que le vieil homme remet à la mer. Étonné, il lui demande : « Pourquoi remettez-vous ces étoiles de mer à la mer ? Cela ne fait pas de différence. De toute façon, vous n'allez pas pouvoir les sauver toutes, il y a des milliers d'étoiles de mer échouées sur le sable. » Le vieil homme regarde le jeune garçon, ramasse une autre étoile de mer, la jette à l'eau et dit : « Pour celle-ci, cela a fait une différence. »

Nous avons tous besoin les uns des autres pour apprendre, grandir, aimer et créer le monde où nous aimerions vivre. Un individu isolé est perdu dans le monde, alors que tous ensemble nous pouvons l'embellir. Pour cela, il est nécessaire que chaque personne comprenne qu'on a besoin d'elle, qu'elle n'est pas en trop et qu'elle est aimée. Si vous vous reliez à votre cadeau unique, vous vous sentez épanoui parce que vous savez que vous avez quelque chose à offrir dont le monde a besoin. Ce n'est que dans l'expression de notre médecine unique que nous nous sentons vraiment reliés à tout ce qui existe et que nous entrons en contact avec notre propre intégrité. Celle-ci nous relie à la mission universelle avec laquelle nous sommes tous venus au monde : «Comment puis-je t'aider?» Au cours de la vie, nous devenons le vieil homme sur la plage les uns pour les autres en ignorant souvent la différence que nous avons faite pour l'un de nos semblables.

Nous avons besoin du chauffeur de bus, du médecin, de la maman, du papa, de la chef d'entreprise et des militants. Là où vous êtes, faites la différence. Votre valeur ne dépend pas du montant de vos revenus ni de votre profession. Au lieu de vous comparer aux autres, tâchez de partir à la recherche de votre cadeau au monde et de faire la paix en vous. Votre cadeau au monde n'est pas forcément à chercher dans une profession. Il peut être dans votre capacité à faire rire les autres, à les écouter avec empathie ou à transformer tous les balcons en petits paradis sur terre grâce à votre main verte. Chaque cadeau est unique et, en vous comparant aux autres, vous êtes dans la séparation et non dans l'unité. Nous avons tous besoin les uns des autres. Nous avons besoin de chaque personne en particulier. En comprenant cela et en reconnaissant dans l'autre le cadeau qu'il a apporté avec lui sur terre et qu'il doit offrir au monde, nous trouverons la paix à laquelle nous aspirons tous.

Le plus beau cadeau que nous puissions faire au monde, c'est de nous offrir à lui et d'être une lumière pour tous les gens qui nous entourent en osant rayonner notre propre lumière. Lorsque vous vous autorisez à vous recréer une vie pleine de joie et d'enthousiasme, vous autorisez automatiquement toutes les personnes autour de vous à prendre conscience de cette lumière en elles-mêmes. L'existence cesse d'être un combat dès l'instant où nous cessons de combattre et choisissons consciemment de reconnaître notre propre force créatrice. Notre mission d'êtres humains est de faire la différence les uns pour les autres et de nous rappeler les uns les autres notre cadeau au monde. De la même façon que le vieil homme a fait la différence pour chaque étoile de mer qu'il a remise à l'eau, vous faites la différence pour vos semblables avec votre cadeau unique au monde.

## Exercice de la part spirituelle

### Découvrez votre médecine unique

Je voudrais vous faire partager trois questions pour vous aider à découvrir votre médecine unique. Je crois que nous savons tous intuitivement quel est notre cadeau au monde, mais que nos doutes sur nous-mêmes ou notre volonté de ne pas nous faire remarquer nous en ont barré l'accès au cours de notre vie. Ces trois questions vous permettront de rouvrir l'accès à votre cadeau unique. En général, la première réponse qui vous vient à l'esprit est la bonne. Le fait de demander à ma famille et à mes amis comment ils répondraient à ces questions me concernant m'a également aidée.

Prenez le temps de répondre et faites marcher votre intuition au maximum. Vous n'êtes pas obligé de trouver les réponses sur-le-champ ; vous pouvez très bien vous laisser un an, voire plus, pour découvrir quel est votre cadeau au monde et vous laisser guider consciemment par les questions dans votre vie quotidienne.

## Question 1 : qu'est-ce qui vous distingue de toutes les autres personnes ?

Au cours de votre vie, quand avez-vous eu le sentiment d'être différent de tous les autres ? Il est intéressant de noter que c'est justement notre différence qui fait notre unicité. Mais comme, en général, nous ne vivons pas positivement cette différence, en grandissant nous cachons notre originalité. Appartenir à une communauté est l'un des besoins humains les plus forts et il est incroyablement douloureux d'être exclu d'un groupe. C'est pourquoi nous commençons très tôt à nous adapter et, ce faisant, perdons l'accès à nous-mêmes. Pourtant, c'est justement ce qui fait votre spécificité qui constitue votre cadeau au monde.

Repensez à votre enfance et à votre adolescence : quelles étaient les choses que vous faisiez particulièrement bien mais que vous avez arrêté de faire à un moment donné parce qu'elles vous obligeaient à vous retrouver tout seul ? Je me rappelle avoir toujours eu cette capacité à voir la beauté et à découvrir quelque chose de particulier dans chaque instant, chaque endroit, chaque personne. Automatiquement, je m'attachais toujours à trouver du positif. Toutefois, j'ai constaté assez vite que la plupart des gens faisaient exactement le contraire et avaient plutôt tendance à se focaliser sur le négatif ou à chercher toujours matière à se plaindre. Lorsque j'exprimais mon enthousiasme à l'égard d'une situation, d'un lieu ou d'une personne, on me lançait généralement un regard sceptique ou je voyais que ça faisait sourire. Du coup, au fil du temps, j'ai eu le sentiment qu'il n'était pas bien d'être enthousiaste la majeure partie du temps et qu'il était préférable d'être pessimiste. Je suis devenue prudente dans mes paroles et me suis adaptée aux conversations « normales ».

Au fil des années, j'ai étouffé de plus en plus mon enthousiasme jusqu'à quasiment l'oublier. Il m'a fallu beaucoup de temps pour le retrouver et m'autoriser à le partager avec le monde. Le plus drôle, c'est qu'aujourd'hui toute ma réussite repose justement sur ma capacité à aider les individus à redécouvrir leur unicité et leur abondance intérieure et à s'enthousiasmer pour leur propre vie.

Par conséquent, il peut aussi être bon que votre cadeau au monde soit quelque chose dont vous avez souffert un certain temps dans votre vie ou que vous avez cherché à réprimer et à dissimuler. Peut-être est-ce une sensibilité à fleur de peau qui vous a stressé ou insécurisé parce que vous perceviez des choses que les autres ne percevaient pas. Aujourd'hui, vous pouvez utiliser votre hypersensibilité pour mieux vous mettre à la place des autres et faire preuve d'empathie. Ou peut-être possédez-vous un humour très spécial grâce auquel vous pouvez communiquer autrement sur des sujets difficiles et permettre aux autres de dédramatiser. Ou peut-être avez-vous eu le courage de braver les attentes de vos parents en vous formant au métier de fleuriste au lieu d'aller étudier à l'université parce que vous aimez les fleurs et que, grâce à elles, vous embellissez l'environnement des humains.

Comprenez qu'il n'y a pas de « bon » ni de « mauvais » cadeau. Chaque cadeau a sa place et son utilité.

## Question 2 : qu'est-ce qui fait chanter votre cœur ?

Quelle est la chose sans laquelle vous ne pouvez pas vivre ? À quoi ne pourriez-vous jamais renoncer ? Votre cadeau au monde n'est pas quelque chose que vous devez obtenir par votre travail, par un effort. C'est ce qu'il y a de plus naturel pour vous, alors que c'est peut-être quelque chose d'inhabituel et de spécial pour les autres. Qu'est-ce qui fait chanter votre cœur ? Qu'est-ce qui est facile pour vous et difficile pour les autres ? Quelle est la chose qui vous manque quand vous ne pouvez pas vous y consacrer ? En cherchant votre cadeau au monde, ne vous laissez pas insécuriser par des pensées issues de votre part primitive. Si vous vous dites « Non, ce n'est pas quelque chose de spécial ! » ou « Non, ça, tout le monde peut le faire ! », alors soyez sûr d'être justement sur la bonne voie.

Mon cœur chante quand j'ai l'occasion d'apprendre quelque chose de nouveau et quand je me plonge dans mes livres. Le pire pour moi, c'est de rester plusieurs jours sans livres et de ne pas pouvoir poursuivre mon développement personnel ou apprendre de nouvelles choses. Je préfère toujours lire un ouvrage de développement personnel ou de spiritualité que regarder un film ou une série à la télé. Il m'est également insupportable de devoir faire tous les jours la même chose. J'ai besoin d'alterner et j'aime avoir de nouvelles sources d'inspiration. Cette combinaison de curiosité, de soif de connaissance et d'enthousiasme à l'égard de l'évolution spirituelle qui est la mienne me permet tout naturellement de transmettre mon savoir et d'aider les autres ; c'est même un jeu d'enfant pour moi !

## Question 3 : quel a été l'événement le plus décisif dans votre vie ?

Cette troisième question est probablement la plus difficile pour renouer avec votre médecine unique. Puisque vous tenez ce livre dans vos mains et l'avez lu jusque-là, je sais que vous savez que ce sont justement les moments les plus difficiles de votre vie, et vraisemblablement aussi les plus douloureux, qui vous ont le plus appris. Nous ne faisons aucune expérience par hasard, mais toujours dans l'intention de notre âme de se tester et d'apprendre à revenir à l'amour, aussi douloureuse que fût l'expérience.

Lorsque vous vous rappelez l'événement le plus déterminant de votre vie, que pensez-vous que votre âme voulait expérimenter ? Comment avez-vous digéré, assimilé cette expérience ? Quelle a été votre stratégie de réussite pour y survivre ? Quelle transformation avez-vous eue à travers ce que vous avez vécu ?

L'événement le plus décisif de ma vie fut la dislocation de ma famille et la nécessité, du jour au lendemain, de trouver mes repères sans ma mère. Si je n'avais pas fait cette expérience, je ne me serais probablement jamais tournée vers le développement personnel et la recherche de maîtres spirituels pour trouver la guérison auprès d'eux. En prenant ce chemin, non seulement je me suis soignée moi-même, mais j'ai aussi tissé avec ma mère une relation plus profonde et plus bienveillante qu'elle ne l'aurait jamais été si mes parents ne s'étaient pas séparés. Cet événement m'a appris à assumer mes responsabilités, à pardonner et à développer une confiance inébranlable dans ma force et ma capacité de résilience.

Ce n'est qu'en faisant l'expérience de pouvoir compter sur moi-même, y compris dans les plus grands moments de crise, que j'ai pu développer cette force intérieure. Ce sont les crises que nous traversons qui nous rappellent notre « médecine unique » parce que c'est justement elle qui nous sauve et nous guérit dans ces moments-là.

Utilisez votre personnalité unique pour aider votre âme à s'exprimer pleinement dans son unicité. Quand vous ne retenez plus rien, vous entrez en contact avec votre véritable force intérieure et vous reliez directement à votre part spirituelle. Vous transformez votre conscience en abandonnant la pensée du manque au profit de l'état de plénitude et en passant de la séparation à l'unité.

## Saisissez votre bonheur !

- Chaque individu possède un cadeau à offrir au monde si unique qu'il risque de se perdre pour toujours s'il demeure inexprimé.
- Les Indiens appellent ce cadeau notre « médecine unique ». Nous l'avons reçu à la naissance pour nous guérir et guérir les autres.
- On a besoin de votre cadeau au monde comme on a besoin de tous les cadeaux de nos semblables. Nous avons tous besoin les uns des autres.
- Lorsque vous vous reliez à votre cadeau à offrir au monde, vous éprouvez un sentiment d'accomplissement et vous comprenez combien il est important que vous soyez là.
- Le cadeau au monde est aussi unique et original que chaque individu sur terre. Il n'y a pas de « bon » ni de « mauvais » cadeau, juste votre désir de l'exprimer et de pouvoir ainsi aider les autres.

**MANTRA :**
**« JE SUIS UN CADEAU POUR LE MONDE. »**

Répétez ce mantra puissant pour vous rappeler que vous portez en vous quelque chose d'unique que vous pouvez utiliser pour améliorer et embellir ce monde.

**Mes remarques et mes conclusions :**

.................................................................................................

.................................................................................................

.................................................................................................

.................................................................................................

.................................................................................................

.................................................................................................

.................................................................................................

.................................................................................................

.................................................................................................

.................................................................................................

.................................................................................................

.................................................................................................

.................................................................................................

.................................................................................................

.................................................................................................

.................................................................................................

........................................................................................

........................................................................................

........................................................................................

........................................................................................

........................................................................................

........................................................................................

........................................................................................

........................................................................................

........................................................................................

........................................................................................

........................................................................................

........................................................................................

........................................................................................

........................................................................................

........................................................................................

........................................................................................

........................................................................................

« Puisse la beauté
être devant moi.
Puisse la beauté
être derrière moi.
Puisse la beauté être
au-dessus de moi.
Puisse la beauté
être au-dessous
de moi. Que je puisse
marcher dans
la beauté. »

Prière navajo

# Faites preuve de bienveillance envers vous-même où que votre chemin vous mène

Le chemin vers soi-même est un chemin salutaire, mais parfois long et semé d'embûches. C'est un chemin que personne ne peut prendre à votre place et qui peut être douloureux ou frustrant. Ce qui compte, c'est que vous progressiez lentement, mais sûrement. Ayez confiance : votre chemin vaut la peine d'être parcouru malgré toutes ses difficultés. Avant toute chose, nous avons besoin d'avoir suffisamment d'amour pour nous-mêmes dans les moments où ça ne va pas. Il n'y a rien de mal à avoir des pensées ou des émotions négatives. Il n'y a rien de mal à ne pas toujours savoir où ce chemin nous mène ou peut-être même à l'avoir perdu de vue.

Peu importe où vous en êtes dans votre vie. La seule chose qui compte, c'est que vous soyez bienveillant envers vous-même. Commencez donc à vous accompagner sur votre chemin avec amour et compassion. Respectez-vous pour avoir pris la décision de découvrir qui vous êtes réellement. Il faut un grand courage pour remettre en question son image de soi et sa vision du monde. Dans cette démarche, nous ne nous heurtons pas seulement à nous-mêmes, mais aussi à la critique et à l'incompréhension de notre entourage. Faites confiance à cette petite voix en vous qui croit en vous et qui sait que vous allez trouver votre chemin. Et le parcourir. Avec tout ce que vous avez appris dans ce livre, vous avez semé une merveilleuse graine dorée dans votre cœur. À chaque pensée positive, à chaque parole bienveillante que vous vous adressez, cette petite graine pousse pour devenir un arbre robuste dont vous allez récolter les fruits et à l'ombre duquel vous allez pouvoir vous reposer.

Lorsque vous plantez une graine de bambou, cette dernière peut pousser sous terre pendant trois ans sans rien manifester à la surface. Puis, au bout de trois ans, le bambou sort brusquement de terre et peut croître d'un mètre par jour.

À l'instar du bambou, la graine plantée dans votre cœur a besoin de temps et de repos pour pouvoir pousser. Gardez-la comme le bien le plus précieux que vous possédiez. Si vous en prenez soin tous les jours et l'arrosez de pensées et de paroles bienveillantes, le jour viendra où vous aurez soudain le sentiment d'être passé à un tout autre niveau sur les plans spirituel, émotionnel et mental. Suivez vos rêves et vos désirs. Non pas pour atteindre un but, mais parce qu'il est dans la nature humaine de s'exprimer. Il s'agit de retourner peu à peu vers votre noyau doré et d'utiliser votre chemin de vie pour devenir la personne que vous pouvez être réellement.

Dans la vie, il n'existe pas de but final. Tout ce qui existe, c'est l'ici et maintenant. Ce moment est parfait, il contient tout ce dont vous avez besoin, car tout ce dont vous avez besoin est déjà en vous.

## Méditation
## La bonté bienveillante

Cette méditation est l'une des plus anciennes méditations bouddhistes destinée à vous relier à votre compassion et à votre bonté. Manifester bonté et compassion envers vous-même et à l'égard du monde, quoi qu'il se passe à l'extérieur, est la faculté la plus précieuse de votre moi supérieur. La compassion ne juge pas, mais autorise à faire des erreurs et à en tirer des leçons. Cette méditation comporte quatre phrases :

« Que je sois heureux(se).
Que je me sente toujours protégé(e) et en sécurité.
Que je sois en bonne santé.
Que je traverse la vie avec légèreté et amour. »

Pendant la méditation, vous prononcez ces quatre phrases pour vous-même, pour quelqu'un que vous aimez et pour quelqu'un avec qui la relation est une gageure ou difficile.

Trouvez un endroit tranquille où vous ne serez pas dérangé pendant les 30 minutes qui suivent. Asseyez-vous confortablement et fermez les yeux. Inspirez à fond par le nez et expirez par la bouche. Répétez trois fois cette respiration. Laissez votre souffle retrouver son rythme naturel et dirigez votre attention sur l'extrémité de votre nez. Pendant les 10 à 15 prochaines respirations, observez la régularité avec laquelle l'air entre dans votre corps, puis en sort. Quand des pensées tentent de détourner votre attention, prenez-en conscience, puis reconcentrez-vous tranquillement sur votre respiration. Une fois que vous vous êtes connecté à l'instant présent *via* votre respiration et que vous vous sentez bien présent à vous-même, dirigez votre attention vers votre cœur et reliez-vous à son énergie. Sentez ses battements et imaginez que vous inspirez et expirez à travers lui et que son énergie se diffuse dans votre poitrine. Visualisez cette énergie sous la forme d'un aimant qui attire toutes vos qualités. L'énergie de votre cœur attire, par exemple, tout l'amour, toute la compassion, toute la joie, toute la confiance, toute la force et toute la sagesse qui habitent votre cœur. Ainsi, l'énergie positive de votre cœur s'étend encore et rayonne au-delà de votre corps.

Maintenant, prononcez dans votre tête les quatre phrases de la méditation à votre intention. Répétez trois fois chaque phrase. Visualisez vos paroles atteindre votre cœur et, à partir de là, se répandre dans l'ensemble de votre corps et chacune de vos cellules :

« Que je sois heureux(se).
Que je me sente toujours protégé(e) et en sécurité.
Que je sois en bonne santé.
Que je traverse la vie avec légèreté et amour. »

Inspirez et expirez à fond. Sentez l'énergie bienfaisante de ces paroles dans votre corps. Puis pensez à quelqu'un que vous aimez profondément. Imaginez cette personne devant vous et les regards que vous échangez. Répétez trois fois chacune des quatre phrases suivantes dans votre tête à l'intention de cette personne :

« Que tu sois heureux(se).
Que tu te sentes toujours protégé(e) et en sécurité.
Que tu sois en bonne santé.
Que tu traverses la vie avec légèreté et amour. »

Inspirez et expirez à fond. Sentez l'énergie bienfaisante de ces paroles dans votre lien mutuel. Remerciez cette personne de faire partie de votre vie, puis dites-lui au revoir en rompant le contact visuel avec elle. Maintenant, pensez à quelqu'un avec qui la relation est une gageure ou difficile. Imaginez cette personne devant vous et les regards que vous échangez. Puis répétez trois fois chacune des quatre phrases suivantes dans votre tête à l'intention de cette personne :

« Que tu sois heureux(se).
Que tu te sentes toujours protégé(e) et en sécurité.
Que tu sois en bonne santé.
Que tu traverses la vie avec légèreté et amour. »

Inspirez et expirez à fond. Sentez l'énergie bienfaisante de ces paroles dans votre lien mutuel. Remerciez cette personne de faire partie de votre vie et de vous enseigner des choses... puis dites-lui au revoir en rompant le contact visuel avec elle. Laissez-la partir avec un sourire. Pour terminer, répétez encore une fois chacune des quatre phrases à votre intention :

« Que je sois heureux(se).
Que je me sente toujours protégé(e) et en sécurité.
Que je sois en bonne santé.
Que je traverse la vie avec légèreté et amour. »

Dites-vous merci à vous-même et remerciez la vie qui coule en vous. Faites encore trois respirations profondes en expirant par la bouche. Lorsque vous êtes prêt, rouvrez les yeux et revenez dans l'ici et maintenant.

## Saisissez votre bonheur !

- Faites preuve de bienveillance envers vous-même sur votre chemin vers votre être et soyez un compagnon de route pour vous-même rempli de compassion et de bonté.
- Dans la vie, il ne s'agit pas d'atteindre un but, mais de devenir la personne que vous avez envie d'être et d'utiliser vos objectifs pour vous aider à le devenir.
- Pratiquez quotidiennement la méditation de la bonté bienveillante pour faire pousser la merveilleuse graine dorée dans votre cœur.
- Tout ce qui existe, c'est le moment présent. La vie est maintenant. Profitez de l'instant présent pour vous relier à votre part spirituelle et aller à la rencontre du monde avec amour et compassion.

### MANTRA : « LOKAH SAMASTAH SUKHINO BHAVANTU. »

« Que tous les hommes et les êtres vivants sur cette terre soient heureux et libres, que toutes mes paroles, mes actions et mes pensées contribuent à ce bonheur et à cette liberté. »
Répétez ce mantra puissant pour vous rappeler que vous pouvez contribuer à transformer ce monde et à en faire un lieu de paix.

**Mes remarques et mes conclusions :**

........................................................................................................................

........................................................................................................................

........................................................................................................................

........................................................................................................................

........................................................................................................................

........................................................................................................................

........................................................................................................................

........................................................................................................................

........................................................................................................................

........................................................................................................................

........................................................................................................................

........................................................................................................................

........................................................................................................................

........................................................................................................................

........................................................................................................................

........................................................................................................................

Faites preuve de bienveillance envers vous-même…

..........................................................................

..........................................................................

..........................................................................

..........................................................................

..........................................................................

..........................................................................

..........................................................................

..........................................................................

..........................................................................

..........................................................................

..........................................................................

..........................................................................

..........................................................................

..........................................................................

..........................................................................

..........................................................................

..........................................................................

Faites preuve de bienveillance envers vous-même…

....................................................................................

....................................................................................

....................................................................................

....................................................................................

....................................................................................

....................................................................................

....................................................................................

....................................................................................

....................................................................................

....................................................................................

....................................................................................

....................................................................................

....................................................................................

....................................................................................

....................................................................................

....................................................................................

....................................................................................

Faites preuve de bienveillance envers vous-même…

.................................................................................

.................................................................................

.................................................................................

.................................................................................

.................................................................................

.................................................................................

.................................................................................

.................................................................................

.................................................................................

.................................................................................

.................................................................................

.................................................................................

.................................................................................

.................................................................................

.................................................................................

.................................................................................

.................................................................................

# Remerciements

*Je vous remercie du fond du cœur...*

... pour votre confiance et de m'avoir autorisée, avec ce livre, à faire quelques pas avec vous sur votre chemin. À partir de maintenant, je souhaite que vous fassiez rayonner votre lumière dorée plus intensément que jamais, que vous vous reliiez à votre force et à votre sagesse intérieures, et que vous n'oubliiez jamais le cadeau que vous êtes pour le monde.

Travaillez chaque jour un peu plus à ouvrir votre cœur aux miracles que la vie vous réserve. Utilisez votre force créatrice et votre sagesse intérieure pour suivre votre voie personnelle et authentique avec légèreté et faire de votre vie une œuvre d'art pleine de couleurs.

Au moment de refermer ce livre, lâchez tout ce qui vous retient encore et commencez, ici et maintenant, à être heureux et épanoui. La paix commence lorsque nous cessons de lutter.

Nous sommes tous sur le même bateau et, grâce à notre lumière, nous pouvons nous éclairer les uns les autres. Même si chacun d'entre nous doit suivre sa propre voie, la promenade est toujours plus belle ensemble.

C'est pourquoi je vous dis : à vous le bonheur !

*Activez votre part spirituelle !*

*Merci à tous ceux qui m'ont soutenue.*

Ce livre a été écrit sur les épaules de géants qui m'ont frayé un chemin. Je remercie David R. Hawkins qui, avec ses travaux sur les différents niveaux de conscience, a jeté les bases scientifiques de mon livre. Merci à Satya Narayan Goenka qui, avec son formidable enseignement de la méditation Vipassana, m'a aidée à identifier et à lâcher mes plus grandes peurs. Merci à la USA Foundation for Inner Peace et à Margarethe Randow-Tesch pour «Un cours en miracles», cet enseignement métaphysique sous forme de livre qui m'a accompagnée au quotidien sur mon chemin spirituel et a fortement influencé le contenu de mon propre livre. Merci à la Dawson Church et à Audrey Brooks pour son étude sur l'EFT qui apporte la preuve scientifique de l'effet positif de cette technique. Merci à Ulrich Emil Duprée, cet auteur allemand spécialiste de l'Ho'oponopono qui m'a aidée à partager cette méthode avec le monde à travers mon livre. Merci à toutes les personnes qui, des milliers d'années avant moi, ont commencé à diffuser ce savoir précieux sur la guérison, le développement personnel et la spiritualité.

Merci à vous, mes parents. Merci pour votre amour inconditionnel. Je n'aurais pas pu souhaiter meilleurs parents que vous. Merci à toi, Paul, tu es l'amour de ma vie et tu me rappelles chaque jour ce qui compte vraiment, finalement. Merci de m'aimer, non seulement dans mes jours «avec», mais aussi dans mes jours «sans». Merci à toi, Dominique, de me donner ton amitié et de croire en moi. Je te suis infiniment reconnaissante de te savoir à mes côtés. À travers toi j'ai pu apprendre ce que signifie l'amitié véritable. Merci à vous, mes formidables frères et sœurs, traverser la vie avec vous à mes côtés est un plaisir deux fois plus grand, tout simplement. Merci à toi, Sarah, pour ton soutien incroyable, ta loyauté et l'amour que tu as porté à notre travail. Merci à Verena Schörner et à toute l'équipe de chez Komplett-Media pour avoir cru en moi et avoir eu confiance en mon travail. Merci à Micado pour la conception graphique et à Julia Feldbaum pour sa révision patiente.

Direction de publication : Sophie Descours
Édition : Sophie Descours
Relecture-correction : Delphine Kopff-Hausser
Traduction de l'allemand : Sabine Rolland
Couverture : Flamidon
Mise en pages : PCA-CMB
Fabrication : Rebecca Dubois



*Achevé d'imprimer en Italie*
*par Grafica Veneta*
*Dépôt légal : mai 2019*
*323351/01-11040489 – mai 2019*
*ISBN : 978-2-03-596935-4*